AF367899

LES
PHÉNOMÈNES
DE LA
MUSIQUE

Paris. — Typ. Morris et Cie, rue Amelot, 64.

LES
PHÉNOMÈNES
DE LA
MUSIQUE

OU

INFLUENCE DU SON
SUR LES ÊTRES ANIMÉS

PAR

LE MARQUIS DE PONTÉCOULANT

Felix qui potuit rerum cognoscere causas!

PARIS
LIBRAIRIE INTERNATIONALE
15, Boulevard Montmartre

A. LACROIX, VERBOECKHOVEN & Cie
Éditeurs, à Bruxelles, à Leipzig et à Livourne

1868

A Mademoiselle Marie HUET

Daignez recevoir, Mademoiselle, comme un bien faible témoignage de ma vive reconnaissance pour tous les bons soins dont vous ne cessez d'entourer ma vieillesse, l'hommage de ce petit ouvrage sur la Musique.

Cet art, Mademoiselle, doit avoir avec vous des rapports bien intimes, car la Musique seule sait inspirer ces passions grandes, nobles et généreuses, que l'on trouve unies chez vous à l'esprit, la grâce et la douceur.

Mis DE PONTÉCOULANT.

Paris, 20 Mai 1868.

AVANT-PROPOS

Il y a quelques années, encouragé par
S. E. M. le Ministre de l'Instruction publique,
j'entrepris de propager, dans un département
voisin de Paris, l'établissement des Conféren-
ces. Une société s'y était déjà formée dans le
même but, mais ses réunions ne devant être
que spéciales à une localité, je me décidai à
prendre la ville de Meaux, où je compte quelques amis, comme point de départ de mon
pèlerinage intellectuel. Ma conférence fut an-
noncée, affichée; cependant, changeant alors
de domicile et préoccupé par un déménage-
ment toujours fort pénible, mon thème n'était
pas préparé, je n'avais même pas fait encore choix d'un sujet à traiter. Le jour indiqué approchait, il fallait enfin mettre un
terme à cette indécision.

Après avoir erré inutilement toute une journée à la recherche d'un sujet, je rentrai, le soir, chez moi sans avoir rien trouvé; je me fis cependant préparer, pour en finir, tout ce qu'il fallait pour du thé, et je m'établis près de mon feu, devant lequel se trouvait placé une bouilloire.

Je cherchai d'abord à rassembler mes idées. Mais ces quelques moments donnés à la méditation furent interrompus tout à coup par un faible murmure qui vint frapper mon oreille, tantôt s'approchant, tantôt s'éloignant. Je cherchai d'où provenait ce bruissement si agaçant et si continu, et j'aperçus alors un *cousin*, un faible moustique volant à l'entour de ma lampe, s'en éloignant ou s'en rapprochant, chassé par la chaleur ou attiré par l'éclat de la lumière; je le contemplais allant, venant et faisant mille détours. Je me demandais comment un corps si mince, si fluet, si délié pouvait agiter l'air assez fortement pour lui imprimer des vibrations si sonores, si pénétrantes et pour émettre un son d'une aussi longue durée? Je ne tardai pas à observer que le bouillonnement continuel du vase qui se trouvait devant le feu devenait moins monotone, dès que le son suraigu du moucheron s'adjoignait à lui, et je remarquai, non sans surprise, que le son produit par ce moustique excessivement faible étant isolé et même quelquefois imperceptible, prenait de la force et devenait plus strident mêlé au son de la bouillotte. Je voulais me rendre compte de ce problème, quand, ô honte pour ma chambrière ! une araignée cachée dans une des sinuosités de l'abat-jour descendit traîtreusement à l'aide de son fil, happa mon pauvre insecte : voilà encore un artiste de moins et mes réflexions subitement interrompues! Cependant, en considérant les restes inanimés de ce petit être éphémère, je me mis de nouveau à l'étudier et à admirer cette merveille du Créateur. Cette préoccupation absorbait toutes mes pensées, quand un piano se fit entendre à côté de ma cloison ; il paraît que mon nouveau voisin annonçait sa présence en donnant ainsi signe d'existence.

« Un piano ! m'écriai-je. En louant mon appartement, je n'avais pas prévu cet inconvénient, mais aussi j'aurais dû sonder les murs pour en connaître l'épaisseur..... On dirait l'instrument dans mon cabinet..... Travaillez donc avec un semblable voisinage !

Mais que joue-t-on?

Heureusement l'instrumentiste paraît avoir du goût; il exécute avec assez d'habilité une sonate de Beethoven.. .. Où en étais-je cependant de mon étude? car si je passe la nuit sans dormir, ce n'est pas pour écouter un piano. Je cherchai donc à reprendre le fil de mes idées et..... Allons! voilà le piano qui recommence..... et il est une heure du matin..... C'est insupportable..... c'est à n'y pas tenir..... Ma foi, il faut que cela ait une fin. La nuit est faite pour dormir et non pour jouer du piano.

(*Pan, pan, pan.*) Monsieur ou madame, ce n'est pas, je crois, une heure pour s'exercer sur le piano.

— Monsieur, me répondit une charmante voix de femme! je suis chez moi.

— Mais, madame, vous m'empêchez de travailler.

— La nuit est faite pour dormir, monsieur, et non pour travailler.

— Madame, je finirai par me plaindre à la police, et je vous ferai condamner pour tapage nocturne.

— Alors, je vous préviens, monsieur, que je commencerai mes exercices à six heures du matin, et que je les continuerai sans interruption jusqu'à onze heures du soir, ainsi que j'y suis autorisée par décision de M. le Préfet.

— Ah ! madame, grâce, je vous prie ; ce serait attenter à mon existence, car je ne pourrais me livrer à aucun travail, et vous ne voudriez pas avoir à vous reprocher la mort du prochain.

— Sans indiscrétion, peut-on demander à monsieur ce qu'il écrit..... quelques vers à la Lune, des stances adressées à la blonde Phœbé ?

— Fi donc ! madame, ce que j'écris ou que je vais écrire est fort sérieux.

— Peut-on en connaître le sujet ?

— Je crois, madame, que vous ne le comprendriez pas.

—- Merci, monsieur, du compliment ; je retourne alors au piano, et je reprends la sonate.

— Grâce, madame, je vous en supplie.

— Eh bien ! le sujet ?

— Je l'ignore encore !

— Comment vous travaillez sans motif, et vous écrivez sans sujet ?

— Je le cherche !

— Comment cela ?

— J'ai promis de faire une lecture, et je me casse la tête pour trouver un sujet qui ne soit ni trop banal, ni trop rebattu, ni trop savant, et qui surtout puisse plaire à tout le monde; et j'allais sans doute le rencontrer quand votre musique.....

— N'aimeriez-vous pas la musique?

— J'aime beaucoup la musique; j'ai même écrit quelques articles sur cet art enchanteur, mais je n'aime pas toutes les musiques.—Certains artistes me plaisent et d'autres me sont désagréables. — Je rencontre parfois des instruments qui me charment et d'autres qui m'agacent.

— Eh bien! voilà votre sujet trouvé! Parlez musique, c'est un sujet comme vous le désirez : ni trop savant, ni trop banal, et qui peut plaire à tout le monde.

— Mais, madame, je suis peu musicien.

— Cela ne doit pas vous embarrasser... Combien de gens, par le temps qui court, parlent de ce qu'ils ne savent guère et même de ce qu'ils ne savent pas!

— Vous n'êtes pas aimable, madame, si vous me rangez dans cette catégorie.

— Souvenez-vous, monsieur, qu'en toutes choses comme en toutes règles, il y a des exceptions, et ceux avec lesquels je cause sont toujours compris dans l'exception. D'ailleurs, ne venez-vous pas de me dire que vous aviez écrit sur la musique? et quelle partie de cet art monsieur a-t-il traitée?

— Je me suis beaucoup occupé, madame, des phénomènes de la musique.

— Voilà un sujet intéressant, et n'en cherchez pas d'autre. — Aurez-vous des expériences?

— Peut-être.

— Ici je vois un danger, on est tant soit peu goguenard en province. — Eh bien! si l'on vous voit accompagné d'un instrument et d'un musicien?...

— Eh bien!

— Je n'ose vous le dire.

— Dites toujours.

— Eh bien! je crains qu'on ne vous compare au célèbre Mangin, et votre artiste à son chef d'orchestre Vert-de-Gris; quand l'on entendra l'instrument, on dira peut-être : Il va commencer son petit boniment.

— Alors je renonce aux expériences. — Mais le temps presse, et je n'ai que quelques notes éparses.

— En bonne voisine, je vais venir à votre

secours; rassemblez vos notes, mettez-vous dans votre fauteuil, et parlez haut comme si vous vous adressiez à votre public. Ce public ce sera moi, qui donnerai franchement des marques d'approbation ou d'improbation, et de plus je serai votre sténographe; car, depuis bien des années, je cultive pour moi cet art si nécessaire et qui devrait entrer dans tous les systèmes d'éducation..... — Combien de temps doit durer votre lecture?

— Une heure et demie.

— Il est deux heures; allons donc, toussez, crachez et commencez, j'écoute et j'écris.

LES
PHÉNOMÈNES
DE LA
MUSIQUE

L'influence du son sur les êtres animés n'a été étudiée que très-superficiellement. Quelques écrivains ont bien raconté, il est vrai, des faits plus ou moins extraordinaires, mais là se sont bornés leurs travaux, et aucun d'eux n'a cherché les causes véritables de ces faits; causes cependant qu'il importe de connaître et de constater, car toute recherche sur ce sujet peut faire découvrir quelque agent particulier qui, échappant comme l'électricité, comme le calorique, à plusieurs de nos sens par sa ténuité et son extrême transparence, peut être cependant assez actif et assez puissant pour réagir avec force sur la plupart des phénomènes physiques que nous observons, et par cela même sur des faits relatifs à notre organisation. Telle est la tâche que je me suis imposée.

Je vais donc rechercher, dans cette étude, par quelles voies, par quels moyens divers la musique exerce son pouvoir sur notre organisation.

Les faits cités dans le courant de ce travail ont subi une investigation minutieuse. Ils n'ont été admis qu'après en avoir constaté l'exactitude, l'honorabilité et la bonne foi des auteurs qui les rapportent. On n'a emprunté que rarement aux journaux, parce que leur véracité est souvent compromise par les glapissements de ces nombreux volatiles aquatiques auxquels ils accordent un habituel asile. Les auteurs cités sont des savants, des médecins, des docteurs éminents dont la véracité ne saurait être suspectée.

Je vais donc parler de cet art enchanteur qui sait apporter de si nombreuses diversions aux affections douloureuses ; de cette musique qui se lie à tous les sentiments, se marie à toutes les situations, se fond dans toutes les pensées, qui entretient la mélancolie, ajoute à la joie, n'importune point la douleur ; de cet art divin enfin qui perdrait de son charme s'il gagnait en précision, et qui, grâce à ce vague répandu dans ses expressions, se trouve en rapport dans le même moment avec les caractères les plus divers, avec les passions les plus opposées.

Par son ancienneté, la musique semble être la véritable source de toutes les sciences. Son invention est due, sans nul doute, au chant, qui, chez l'homme, a dû précéder la parole.

L'homme n'apporte en naissant que table rase à l'intelligence, et la pensée, lui arrivant par l'intermédiaire des sens, il ne sait d'abord qu'*exclamer* par des sons gutturaux, monosyllabiques, ses besoins et ses plaisirs.

Les phénomènes que parfois la musique occasionne sont souvent incompréhensibles.

Un jour il me tomba sous la main un opuscule écrit en anglais par le savant docteur Abercombie; j'y lus le fait suivant :

« Nancy, jeune fille âgée de sept ans, orpheline et sans nulle éducation, demeurait chez un fermier. Elle était employée à garder les vaches, et couchait habituellement dans une chambre séparée par une mince cloison d'un autre appartement, occupé fréquemment par un artiste ambulant dont le violon était l'instrument. Cet artiste nomade avait beaucoup de talent comme exécutant, et il passait souvent la plus grande partie de la nuit à étudier des passages hérissés de difficultés.

» La jeune Nancy se plaignait souvent et disait que ce bruit l'ennuyait, la fatiguait; elle n'y faisait pas autrement attention. Au bout de quelque temps, cette jeune fille tomba malade, et une dame charitable la fit transporter dans sa demeure, située à quelque distance de la ferme. La maladie fut longue, et quand Nancy eut enfin recouvré la santé, elle resta au service de sa bienfaitrice.

» Quelques mois après sa convalescence, on entendit murmurer de temps à autre, pendant la nuit, de charmantes mélodies, sans qu'on en connût la source. Cette musique, fredonnée d'une façon mystérieuse, se renouvelant à des intervalles plus ou moins rapprochés, excita la curiosité des habitants de la maison. On ne se contenta plus d'écouter, mais on chercha à découvrir l'invisible ménestrel. On se mit sur la trace des sons, et, à la fin, on arriva sur le lieu même d'où ils partaient : c'était de la chambre de Nancy. La jeune fille sommeillait, mais il sortait de ses lèvres une mélodie qui ressemblait parfaitement à la vibration d'un violon.

» On s'assura qu'à l'époque de ces crises musicales, Nancy, après s'être couchée, devenait complétement immobile. Elle marmottait un instant, puis murmurait des sons semblables à ceux d'un violon que l'on accorde. Il se faisait un instant de silence, rompu bientôt par un prélude à bouche fermée, et puis après elle attaquait avec une vigueur surprenante, toujours la bouche close, des passages de la plus grande difficulté, qu'elle exécutait avec la perfection d'un artiste consommé, passant successivement par les modulations les plus compliquées. Quelquefois Nancy s'interrompait, rendant de nouveau les sons de l'accord comme pour remettre son instrument au ton ; puis, reprenant exactement le morceau à l'endroit où elle s'était arrêtée, elle achevait l'exécution avec la même précision apportée à son début.

» D'observations en observations on arriva à constater que telle nuit, à telle heure, où le musicien ambulant exécutait en étudiant un morceau dans la maison du fermier, cette même nuit, à cette même heure, le même morceau était dit par Nancy. L'artiste s'arrêtait-il, Nancy en faisait autant. » Deux ans plus tard, un pianiste eut le même pouvoir sur cette jeune fille. Voici le fait !

M. Albert de Lasalle, dans son *Dictionnaire de la Musique appliquée à l'amour*, offre une idée à l'aide de laquelle on peut résoudre ce problème ; les instruments animaux ou végétaux, dit-il (c'est-à-dire composés de *matière animale* : violon, alto, harpe, etc., ou de *matière végétale*, comme flûte, hautbois, clarinette), étant faits de substances organiques, sortent de leur assoupissement sous l'impulsion du virtuose, et donnent, pour ainsi dire, *signe de vie* en vertu d'un GALVANISME PAR-TICULIER. Mais ce n'est pas encore suffisant.

Je cherchai longtemps à me rendre compte de ce phénomène extraordinaire ; mais rien dans les livres, rien dans la science physique ne parvint à me l'expliquer, et je ne pus me rendre raison de ce fait qu'en admettant, comme Lamarck, l'existence d'un fluide particulier, que l'on peut regarder comme la matière sonore ou musicale. L'existence de ce fluide est admissible, car elle ne contredit aucune vérité mathématique et ne change rien aux lois existantes de l'acoustique.

Mais ce fluide sonore, quel est-il ? Ce n'est pas le *feu éthéré* de Lamarck, ce n'est pas non plus le *milieu éthéré* de Newton ; il doît être alors de la même famille que le fluide électrique, que le fluide galvanique, que le fluide magnétique, que le fluide lumineux, que le fluide calorique, qui, tous, niés d'abord, sont admis aujourd'hui, et étudiés avec sollicitude.

Si l'on n'admet pas l'existence du fluide sonore, si on suit toujours le vieux sentier ; si on veut que les vibrations de l'air soient les causes productives du son, on parvient bien à expliquer quelques principes d'acoustique, mais on ne peut rendre raison d'aucun fait important ayant quelques rapports avec l'influence du son sur l'organisation humaine ; si, au contraire, on n'est pas rangé dans la classe des êtres imaginée par M. Jobard, de Bruxelles, et qu'il a désignée sous le nom de classe des *impossibilitaires*, si on admet l'existence de ce fluide sonore, on comprend et on explique facilement tous les phénomènes, quelque étonnants qu'ils puissent paraître, tels par exemple celui de la sympathie.

On dit généralement, quand on parle de ces phénomènes, dus soit au son isolé, soit à la musique, qui n'est que la réunion de plusieurs sons, que ces faits sont trop merveilleux pour qu'on puisse y ajouter foi. Mais l'électricité, mais le magnétisme terrestre, avec leurs faits surprenants, ne sont mis en doute par personne; le plus petit employé du télégraphe, le moindre matelot, le mousse le plus stupide ne doutent ni de la rapidité incompréhensible de la transmission d'une dépêche ni de l'exactitude de l'aiguille de la boussole.

On est maintenant forcé d'admettre l'électricité, le magnétisme animal et le galvanisme sans cependant les comprendre. Pourquoi donc douterait-on du magnétisme sonore ou musical et des faits extraordinaires causés par son action ? On est obligé aujourd'hui de reconnaître comme réelle l'influence magnétique du serpent sur les animaux, du crapaud sur la belette, du carnassier sur les herbivores, du chat sur la souris, de l'épervier sur l'alouette, et on refuserait d'admettre l'influence des sons sur les êtres animés !

Nous avons vu endormir un sujet par le simple toucher d'une guitare préalablement magnétisée, le fluide sonore se propageait par la vibration des cordes.

L'idée d'un fluide sonore et d'un magnétisme musical n'est pas nouvelle; ce magnétisme est bien vieux, il était fort connu des prêtres de l'antiquité; mais il succomba sous l'exagération et le merveilleux dont on voulut l'accompagner.

Nous sommes forcé, par la nature même de notre sujet, d'entrer dans quelques considérations arides peut-être, mais nécessaires à l'explication de notre thèse.

Qu'est-ce que la musique ? C'est l'art de réunir les sons et de les lier d'une manière agréable,

La musique étant l'art de lier les sons, le *son* est, par conséquent, la matière musicale toute brute. Ainsi, pas de son, pas de musique. Mais alors, qu'est-ce donc que le son ?

J'aime la définition imitée d'Aristote (tex. 65, l. II, *de Anima*), donnée par M. Radeau, dans son ACOUSTIQUE : « *Le* son, *c'est le mouvement qui devient sensible à distance, le repos est muet ; tout* bruit *et tout* son *annonce un mouvement.* » Mais cette définition, toute philosophique, ne nous dit pas *ce qui est mis en mouvement ;* je suis donc obligé de recourir aux dictionnaires de musique les plus anciens, et à celui de quelques auteurs modernes ; nous y lisons que : « Le *son* n'est point » un corps ou un être matériel, mais seulement » une propriété d'autres corps , notamment de » l'*air qui le produit* sous l'influence des agents » qui le font entrer en vibration. » Cette définition manque, selon moi, de justesse, car dire que l'air produit le son n'est pas plus exact que de prétendre que le four produit le pain.

Le son résulte bien, il est vrai, du choc des corps élastiques ; il est dû à une série de vibrations régulières et décroissantes de ces corps ou de leurs parties ; mais ces vibrations opèrent non dans l'air, mais bien dans un fluide subtil, une série de vibrations analogues. Vous voyez que la théorie des physiciens sur la production du son n'est nullement dérangée ; seulement, j'enlève à l'air le pouvoir de production dont, à tort, on l'a gratifié, pour le restituer à un fluide spécial.

On sait que, sous le nom de fluide, on comprend les substances hypothétiques créées par les physiciens pour se rendre compte des phénomènes naturels qu'ils ne peuvent rattacher aux substances connues : l'air, la lumière, le calorique, l'électricité, le magnétisme sont autant de fluides.

Il n'est pas douteux que la sensation opérée sur notre ouïe par le choc des corps ne soit le résultat de l'ébranlement d'une matière fluide, interposée entre le corps choqué et notre organe auditif ; matière que sa ténuité et son extrême transparence ne nous permettent pas d'apercevoir. Plus tard nous reconnaîtrons que l'organe de l'ouïe n'est pas seul à percevoir les vibrations sonores.

Ce fluide invisible sonore, que nous disons être la matière propre du son, se trouvant interposé entre les corps choqués et notre organe auditif, fait partie, comme le fluide magnétique, comme le fluide électrique, comme le fluide calorique, du milieu invisible dans lequel nous vivons.

Jusqu'à présent, on a généralement admis

que l'air, fluide dans lequel nous sommes perpé-
tuellement plongés, devait être cette matière
même qui nous affecte dans la sensation du **son**,
mais l'observation est venue prouver le contraire.
Elle est venue démontrer que le fluide, quel qu'il
soit, qui a la faculté de nous transmettre le son,
a aussi celle de le transmettre à travers tous les
milieux et tous les corps.

L'air commun a-t-il cette propriété ?... Non.

L'air commun ne saurait traverser une simple
membrane lorsqu'on l'y renferme ; on peut le retenir à son gré dans toutes sortes de vaisseaux ;
l'air n'a donc point la propriété de traverser tous
les corps et tous les milieux, propriété inhérente
évidemment à la matière propre du son.

L'air pris pour matière sonore, pouvant être
retenu, me rappelle un joli recueil de contes
russes : l'auteur suppose que pendant l'hiver
de 1812, durant la retraite de Moscou par l'armée
française, les paroles et les chants des soldats
français emportés par l'air n'ont pu se propager
et qu'ils sont restés gelés et ensevelis dans les
glaces et les neiges. L'écrivain fait assister ses
lecteurs aux diverses conversations ou récits,
plaintes ou lamentations, qui, avec le printemps,
s'échappent successivement de leurs enveloppes
de glace.

Au moyen d'un porte-voix, poussez soit un
son, soit une mélodie dans un ballon à robinet ;
tout en le poussant, fermez la clef de l'appareil ;

puis après ouvrez-le, l'air se précipitera à l'extérieur, mais point de son; donc le son n'a point la faculté d'être retenu comme l'air : il n'est donc point de la même nature.

On dira sans doute que sans air il n'y a pas de son, et on cherchera à le prouver par la vieille expérience du timbre renfermé sous la machine pneumatique dont on n'entend pas le son quand on fait les vides, mais que l'on perçoit aussitôt que l'on fait rentrer l'air dans le récipient. Nous répondrons à cette objection avec un savant physicien, l'abbé Nollet : « Cette expérience du timbre, si connue et tant répétée, a fait conclure à bien des gens que l'air était le seul milieu propre à la propagation du son. Qu'il y soit propre, cela n'est pas douteux; *qu'il soit le seul*, je crois que c'est trop dire; car pourquoi cette même expérience ne réussit-elle pas au gré de ceux qui l'exécutent quand ils n'ont pas soin d'isoler le corps sonore, ou d'empêcher qu'il ne touche immédiatement la platine, le récipient ou quelque corps dur qui communique au dehors? N'est-ce pas parce que le son se transmet par les corps solides qui ont communication d'une part avec le timbre et de l'autre avec l'air extérieur? » (*Leçons de Physique,* vol. 3.) Si le son ne pouvait se transmettre que par l'air, pourquoi entendrait-on le son du timbre, quand, fermé par le verre et par le plomb, il se trouve plongé dans un vase plein d'eau?

N'est-on pas forcé de reconnaître alors que le son se communique du timbre à l'air qui l'environne, de l'air au récipient, du récipient à l'eau, et de l'eau à l'air extérieur? Voici, d'ailleurs, une expérience facile à exécuter : Faites aboutir un conducteur solide à la platine de la machine pneumatique, de la platine au timbre, appliquez un bout de ce conducteur sur la région épigastrique, faites le vide, et lâchez la détente du timbre. Eh bien ! malgré l'absence de l'air, et quoique votre oreille ou votre tympan n'entende aucun son, vous *percevrez* ce son par l'intermédiaire de votre épigastre.

Mais pourquoi le son paraît-il affaibli et presque nul dans le vide? Ce n'est pas parce que la matière propre du son y manque ou s'y trouve trop raréfiée, mais c'est que cette matière, ce fluide sonore, n'y trouve point de milieu propre à aider à la propagation de ses ébranlements en servant d'appui à ses répercussions multiples.

Voici comment semble opérer le fluide sonore : il reçoit d'abord les tremblements ou vibrations sonores d'un corps mû contre lui, ou d'un corps contre lequel il est poussé, ou bien encore de deux corps qui se choquent mutuellement.

L'effet de l'élasticité du fluide sonore va en augmentant à mesure que ce fluide traverse des milieux plus denses, parce que ces milieux lui donnent latéralement des points d'appui et des répercussions d'autant plus solides. Ce même effet diminue proportionnellement, lorsque le fluide élastique qui forme le son ou le bruit ne traverse que des milieux mous, et il s'anéantit presque entièrement lorsque ce même fluide, mû par des chocs ou des vibrations des corps sonores, se trouve isolé et dans le vide.

On se fera une idée assez exacte de la formation du son si l'on observe les mouvements d'une corde fortement tendue que l'on vient de mettre en vibration. Tant que la corde oscille, le son se fait entendre, mais il cesse aussitôt que la corde est devenue immobile. Ce mouvement vibratoire se transmet, des corps où il a pris naissance, au fluide qui le touche immédiatement ; il se propage ensuite de proche en proche et successivement à toutes les couches environnantes, en s'affaiblissant toutefois. Plus la vibration a été forte, plus les oscillations sont étendues ; on peut comparer ce phénomène à celui qui se passe à la surface d'une masse d'eau dont une pierre a troublé la tranquillité : les ondes qui en résultent décrivent une série de cercles qui sont d'autant moins saillants qu'ils ont plus d'étendue, et qui finissent, en s'éloignant du centre qui les a produits, par devenir insensibles et disparaître. Il en est de même du son : les oscillations, qui vont toujours en grandissant, finissent par n'être plus appréciables, parce que les molécules aériennes qui reçoivent l'impression se trouvent être beaucoup trop considérables, trop pressées pour que celles qui les communiquent puissent librement les transmettre plus longtemps.

Le son est grave si les oscillations sont peu nombreuses, et leur nombre dans un temps donné est petit ; le son est aigu dans le cas contraire. Il présente, au reste, une infinité de nuances intermédiaires dont nous ne parlerons pas, et qui sont relatives aux différents corps dont il émane. Quand le son rencontre dans sa marche des obstacles qui le gênent et le réfléchissent, on dit qu'il y a écho.

L'air, dans de grandes agitations par déplacement, peut causer parfois le renversement des édifices, le soulèvement des toits. Les agitations qui ont lieu par ondulations circulaires, concentriques et croissantes, ou par des excès de vibrations, doivent ébranler proportionnellement les corps légers, tels que les feuilles des arbres ; mais aucune de ces sortes d'agitations ne peut casser des vitres, forcer les fenêtres, rompre des glaces dans l'intérieur des habitations, comme on l'a remarqué à celles qui fermaient les armoires des galeries du Muséum, fendre des plafonds, arracher des pitons de fer, dans un moment où l'air était calme, comme cela est arrivé à la suite de l'explosion de la poudrière de Grenelle. L'on remarqua que le moindre mouvement dans le feuillage des arbres ne se fit apercevoir, ni même un léger frémissement dans les draperies des rideaux.

Une forte explosion sonore est souvent accompagnée de phénomènes remarquables. Percy rapporte que, lors de la retraite de Mayence, on fit sauter trente-six caissons d'artillerie. La détonation fut si terrible, que des femmes en couches moururent dans des convulsions. Baudelocque mentionne qu'à la suite de l'explosion de la poudrière de Grenelle, il fut appelé près de soixante-douze femmes dangereusement malades. Les chirurgiens Schmid et Mesnard assurent qu'après l'explosion de l'arsenal de Landau, en 1793, sur quatre-vingt-douze nouveau-nés, un grand nombre tombèrent dans le crétinisme et d'autres ne menèrent plus qu'une vie languissante.

Les animaux eux-mêmes ne sont pas à l'abri des effets du fluide sonore : à la suite des longues canonnades qui se passèrent aux bords du Rhin, du Danube, de la Vistule, on vit souvent retirer de ces fleuves de nombreux poissons que les détonations y avaient fait périr.

L'observation a fait reconnaître et admettre en principe que le son ou le bruit se propage avec une intensité ou une force qui est en raison directe du choc ou des vibrations des corps et de la densité des milieux à travers lesquels la matière qui le forme propage des ébranlements.

On sait également que le bruit et le son se propagent, dans le milieu où nous respirons, d'une manière constante, avec cette seule variation qu'il s'étend plus au loin et s'entend plus fortement dans un air dense que dans un air raréfié. Aussi le bruit et le son s'entendent mieux le soir ou la nuit que le jour ; dans un bois que dans une plaine ; dans l'air qui domine les eaux que dans celui qui couvre les terrains arides. Mais, dans tous ces cas, la propagation du son à travers l'air est toujours plus lente et moins forte qu'à travers des milieux plus denses : Roger, médecin de Montpellier, dans l'introduction d'un problème d'acoustique, dit que « les bruits qui se font sous » l'eau sont si formidables et si terribles, qu'au » rapport de l'abbé Nollet, un plongeur qui était » descendu au fond de la mer, par le moyen » d'une cloche, eut à peine commencé de sonner » du cor, qu'il pensa s'évanouir. » On y entend même, quoique plus faiblement, les sons qui y arrivent à travers l'air qui le domine : « J'ai eu la » curiosité, dit ce même abbé Nollet, de me » plonger exprès à différentes profondeurs dans » une eau tranquille, et j'y ai entendu très-dis- » tinctement toutes sortes de sons, jusqu'aux ar- » ticulations de la voix humaine. »

Une chose fort remarquable, c'est que le Créateur a donné aux êtres qui vivent dans ce milieu où nous sommes plongés un conduit auditif externe comme s'il avait voulu augmenter en eux les moyens d'entendre le bruit ou le son qui ne se propage qu'avec une certaine faiblesse à travers le milieu si mou et d'une si faible densité ; mais il a privé de ce conduit auditif externe presque tous les animaux vivant continuellement dans l'eau et se trouvant dans un milieu beaucoup plus favorable à la propagation du bruit et du son. Ainsi, chez beaucoup d'animaux, tels que les poissons, le fluide élastique subtil et pénétrant, que nous regardons comme moteur du son, est obligé de propager ses ébranlements au travers de la substance même du crâne, afin d'en exprimer l'effet sur l'expansion pulpeuse de leur nerf auditif. Dans ces animaux, tout ce qui appartient à l'organe de l'ouïe est enfermé avec le cerveau dans le crâne même et n'a aucune communication libre avec les milieux extérieurs. Cependant, pour les poissons, c'est au travers de l'eau d'abord et ensuite au travers de leur crâne que le fluide doit pénétrer pour arriver à leur nerf auditif.

Il suit de ces données :

1° Que dans le vide, l'effet des ébranlements du fluide sonore est presque anéanti ;

2° Que dans l'air le même effet est alors perceptible, mais avec une certaine lenteur et une certaine faiblesse ;

3° Que dans l'eau le même effet est beaucoup plus fort et se prolonge ou s'étend plus loin ;

4° Enfin qu'à travers la terre même et différents corps solides, le même effet s'étend encore plus loin et avec plus de force et d'intensité.

Ainsi se trouvent expliqués, à l'aide du fluide sonore, les phénomènes du canon, que l'on entend en se couchant sur la terre à la distance de plus de 10 myriamètres. On parvient également

à se rendre compte du tremblement éprouvé à
chaque coup de canon par des pois placés sur un
tambour appuyé à terre dans un lieu fort éloigné
du champ de bataille. On entendit à Laon le canon de Waterloo en appuyant l'oreille contre
terre, et on cessait de l'entendre aussitôt qu'on
écoutait dans l'air.

On explique encore, par ces données, comment
on entend, à l'extrémité d'une grosse et longue
poutre, les coups que l'on frappe avec la tête
d'une épingle à l'autre extrémité, tandis que ce
même bruit ne saurait s'entendre dans l'air à
plus d'un mètre de distance. Ainsi, on ne sera
plus surpris si on passe un bout de ficelle au
sommet d'une pincette, et qu'on porte à ses
oreilles les bouts de cette ficelle, d'entendre au
moindre balancement, au moindre frottement
d'un corps solide contre les verges de cette pincette ainsi suspendue, un bruit et un bourdonnement considérable, qui cessent dès que l'on
éloigne les oreilles des bouts du cordon, et qui
recommencent aussitôt qu'on les rapproche; et
on constatera alors que le fluide sonore mû par
le choc et les frémissements de la pincette propagent avec plus de force ses ébranlements à
travers la corde dans le sens de sa longueur qu'à
travers l'air commun.

L'air commun n'est donc à la matière du son
qui propage à travers sa masse les ébranlements
ou les frémissements qu'elle reçoit du corps

sonore, vibrant, qu'un milieu qui facilite le maintien des frémissements de cette matière subtile. Ce fluide sonore agit avec l'air, comme le calorique qui se trouve répandu dans toute sa masse sans y être combiné.

Je sais que cette théorie trouvera des contradicteurs parmi les hommes de la science. Mais n'a-t-on pas nié pendant bien longtemps le magnétisme? Aujourd'hui, cependant, ce magnétisme, dépouillé du charlatanisme qui le déshonorait, qu'il soit terrestre, animal ou sonore, ne saurait être nié. Toutes les sciences, à ce jour, convergent vers lui. De même, le fluide sonore, ce magnétisme musical, se dépouillant de l'exagération et du merveilleux dont on avait enveloppé ses premiers effets, deviendra la base d'une nouvelle puissance.

Nous avons dit ce qu'est le son et comment il se propage; examinons maintenant comment il agit sur les êtres animés.

Parmi les propriétés particulières aux êtres animés, la sensibilité est certainement celle qui les fait plus clairement distinguer des corps inanimés. Ceux sur lesquels elle a la plus grande influence sont regardés comme les plus parfaits, et les nerfs, qui en sont le siége, semblent être destinés à établir une union constante entre les corps auxquels ils appartiennent et tout ce qui les environne.

Les physiologistes ne sont pas d'accord entre

eux sur le siége de la sensibilité. Ils ont reconnu que certaines parties (qu'ils ont cru privées de nerfs) n'acquièrent cette sensibilité qu'après que leur tissu s'est amolli, et, d'après cela, ils regardent comme fausse l'opinion de ceux qui, admettant les nerfs pour son seul organe, s'appuient sur ce que la section des ligaments articulaires ne produit aucune sensation douloureuse au premier moment, elle ne se fait sentir qu'au bout de deux ou trois jours, lorsque l'abord des humeurs a produit l'amollissement des tissus. Mais cette preuve n'est pas suffisante pour nier que les nerfs soient le siége de la sensibilité. On ne saurait attribuer à l'amollissement du tissu la sensibilité qui vient après ; mais on doit, au contraire, reconnaître que le coup porté enlève souvent, quoique momentanément, la connaissance, et par conséquent l'équilibre des sensations se trouve alors troublé, et puis l'imagination est pour beaucoup dans ces moments : pour sentir, il faut de l'attention, il faut aussi du temps.

Les blessures reçues dans les combats ou dans une vive commotion ne font éprouver de douleur que lorsque les sens sont rassis. Montaigne nous dit qu'à l'instant de sa chute, il ne souffrit point ; ce ne fut que plusieurs heures après que la douleur s'établit. La nature avait besoin de cet intervalle pour reprendre l'équilibre perdu.

Toutes les idées venant des sens, elles doivent

leur origine à l'impression qu'ils reçoivent des divers objets dont ils sont entourés.

Les avantages que nous retirons des sens, qui, par leur continuelle activité, conservent notre corps, sont innombrables ; je ne parlerai que des avantages que le corps humain peut retirer des diverses impressions faites sur l'organe de l'ouïe.

L'oreille est l'organe des facultés intellectuelles ; c'est lui qui met, pour ainsi dire, les âmes en contact. Un sourd, privé de ce moyen de communication, ne sachant ce que c'est que la voix d'un ami, ne connaissant point les sons enchanteurs de la musique et environné d'un silence éternel, est bien plus malheureux que l'aveugle. Il est difficile, dit Sicard, de se faire une juste idée de la triste existence des sourds et muets. Le sourd, dépourvu de cette gaieté, de cette disposition au bonheur qui se rencontrent dans l'aveugle, est toujours mélancolique, triste et soupçonneux à l'excès. Il fuit généralement la société.

L'ouïe peut même tenir lieu de la vue. Les expériences faites par Spallanzani et par le professeur Fusine sur les chauves-souris en fournissent une preuve évidente. Les yeux ne semblent être que d'un usage très-restreint chez ces animaux, tandis que l'extrême sensibilité de leur oreille remplit le but de la nature et leur fait éviter, au milieu du vol le plus rapide, tous les objets qu'ils pourraient heurter : aussi les chauves-souris auxquelles on avait enlevé l'appareil visuel et qui avaient l'organe de l'ouïe intact, placées dans une chambre remplie de mille obstacles, savaient dans leur vol s'en détourner, tandis que celles qui jouissaient de la vue, mais chez lesquelles on avait détruit l'organe de l'ouïe, se heurtaient à chaque instant contre ces mêmes objets.

Non-seulement les hommes ont dû, avant d'inventer aucun instrument, faire des observations sur les différents tons de leur voix, mais encore ils ont été obligés d'apprendre, par le concert naturel des oiseaux, à modifier leur son et leur larynx d'une manière douce et mélodieuse.

La musique a dû être la première langue universelle ; comprise de tous, sans étude et sans traduction ; langue si naturelle que tous ont essayé de la parler ; si simple, si accessible qu'elle prend ses mots dans la nature qui résonne et reçoit son expression du cœur. La musique a été le premier des arts, et peut être considéré comme le plus ancien du genre humain.

Chez tous les peuples tant anciens que modernes, la musique vocale a précédé les sons harmonieux des instruments qui ne servirent d'abord qu'à soutenir et à développer les cadences de la voix humaine ; après la séparation des peuples, la mélodie devint une sorte de langue commune à toutes les nations : mais sa clarté et son expression ne fut pas partout la même.

La musique était dans la plus grande vénération chez les divers peuples de l'antiquité et principalement chez les Chinois, les Arabes, les Assyriens, les Égyptiens, et elle était proportionnée au pouvoir et aux effets surprenants qu'ils lui attribuaient. Ce fut particulièrement chez les Grecs, dont les connaissances en médecine surpassaient de beaucoup celles des autres peuples qui les avaient précédés, que fut apprécié le pouvoir de la musique, et ils en faisaient un grand usage, tant dans l'état de santé que dans celui de maladie. Chez les Arabes du dixième siècle, la musique fut aussi très-cultivée, et les médecins les plus estimés s'en servaient comme d'un moyen curatif.

Platon et Aristote prétendaient que l'on pouvait produire des sons qui devaient avoir une grande influence sur les mœurs. Ces grands hommes allèrent en Égypte exprès pour y puiser les plus rares connaissances.

Les arts et les sciences s'accrurent prodigieusement par le génie des Grecs, qui devinrent bientôt des modèles pour tout l'univers. Ce sont eux qui prirent la musique en grande vénération par les recherches qu'ils firent pour établir les principes, les rapports des sons, les calculs, l'étude de ses propriétés pour exciter telles ou telles sensations dans l'âme, la ravir, l'extasier et déterminer ses effets sur les corps ; car, selon eux, l'âme était pour ainsi dire formée d'harmonie.

Hermès définit la musique la connaissance de l'ordre de toute chose; c'était aussi la doctrine de l'école de *Pythagore* et de celle de *Platon*, qui enseignaient que tout était musique dans l'univers. Les poëtes étaient alors musiciens, les musiciens étaient également poëtes: chacun d'eux faisait la musique et les vers. Les prêtres composaient des hymnes qu'ils chantaient accompagnés d'instruments. Selon *Plutarque*, rien n'était si utile que la musique pour inspirer en tout temps la vertu et le courage. Les anciens ont toujours regardé et traité la musique comme le véritable langage du cœur.

La puissance de la musique sur l'homme, que l'on avait peut-être exagérée, n'en est pas moins réelle, et ce serait une grande erreur que de nier cette puissance, et de ne voir dans les effets de la musique sur notre imagination que des sensations factices.

Le pouvoir du fluide sonore ou de la musique sur l'homme est physique et moral; il agit de trois manières différentes: 1° en produisant des sensations; 2° en exprimant des idées; 3° en rappelant au moyen de la mémoire des circonstances spéciales à l'auditeur.

L'observateur reconnaît dans la musique des propriétés qui ont un pouvoir réel sur l'homme, quel que soit son état physique ou moral, quel que soit le climat qu'il habite, quelles que soient ses mœurs et sa civilisation. Partout le chant est associé à l'hommage que rend l'homme à la Divinité. L'homme riche s'endort aux douces modulations des voix et des instruments. L'homme d'État se délasse de ses occupations sérieuses ; le savant, de ses études profondes, par la musique. L'artisan, le villageois, le sauvage chantent l'amour, la victoire ou la paix. Le voyageur, la nuit, seul au milieu des forêts, chante afin d'ôter de son esprit les idées qui pourraient l'effrayer dans le profond silence qui règne autour de lui ; le captif dans les fers, l'exilé dans sa retraite, le prisonnier dans son cachot, le laboureur en traçant ses sillons, le forgeron en frappant son enclume, tous trouvent dans leurs travaux, dans leurs peines un soulagement en répétant des airs qui rendent à leurs âmes une nouvelle force. Ainsi, la musique accompagne l'homme dans toutes les situations de la vie, et l'on peut dire que partout elle est l'agent le plus actif, le plus fécond, le plus puissant, le plus général du plaisir.

La musique détourne l'âme des sensations qui l'affectent, dit un auteur anglais, comme un bain de pieds détourne une douleur de tête (John Stévenson, t. VI, p. 554). Montaigne nous assure que son père le faisait toujours éveiller au son de quelque instrument, afin de le tenir dans une disposition d'esprit sereine et calme. La musique chasse les mauvaises idées et détourne des mauvais penchants, en rendant à nos esprits le calme dont ils ont besoin. Clytemnestre fut vertueuse tant que le musicien Demodocus lui inspira, par une harmonie grave et sérieuse, la fidélité qu'elle devait à Agamemnon. Ulysse confia Pénélope aux soins de Phemius, qui, par les sons de sa lyre, sut calmer la fougue de ses passions.

La musique donne du mouvement à l'esprit, elle favorise le développement des idées, féconde l'imagination. Les nations savantes, dit Quintilien (*liv.* 1), en cultivant la musique, habituent leur esprit à la réflexion et à l'étude. Le docteur Hallé fait remarquer que ceux qui s'adonnent à la musique, et surtout les compositeurs, s'ils ne sont pas toujours aptes à toutes les sciences et ne sont pas tous des hommes d'esprit éminent, sont rarement des hommes absolument médiocres.

Tous les peuples sont tributaires de la musique : les Persans, les Turcs, les Chinois mêmes en sont idolâtres. L'Égypte a eu son Mercure, son Trismégiste, qui, par la douceur de ses chants, acheva la civilisation des hommes. (*Horace, liv.* 1.) La Grèce eut son Orphée (*Virg., Geor., liv.* 4.) et son Amphion. (*Horat. liv.* 3.) Les Chinois ont eu leur Lyng-Lun, leur Kouei et leur Pin-Mou-Kia, musiciens philosophes qui savaient apprivoiser les bêtes féroces et adoucir les mœurs des hommes, souvent plus cruels que les animaux sauvages. « Veut-on savoir si un royaume » est bien gouverné, disait un philosophe chinois,

» Kouési, et si les mœurs de ceux qui l'habitent
» sont bonnes ou mauvaises, qu'on examine la
» musique qui y a cours. » (*Œuvre du P. Amiot.*)

Aux yeux de saint Augustin, ne pas aimer
la musique est une marque de réprobation. La
musique sait calmer la peur, la crainte, l'effroi,
l'inquiétude, et en général tout ce qui peut vivement nous affecter.

En Orient, ceux qui conduisent les chameaux
chargés d'énormes fardeaux jouent de quelques instruments pour les délasser; il en est de même en
Espagne, où l'arriero, conduisant ses mules,
chante pour les animer : c'est peut-être dans le
même but que l'on attache des grelots et des petites sonnettes aux chevaux de trait. Une douce
harmonie peut occuper l'esprit et le délivrer des
idées sombres et de la tristesse. Riccimer, roi des
Vandales, ayant perdu une grande bataille contre
Bélisaire, fut contraint de se sauver dans les
montagnes, où il fut investi; livré à toute l'inquiétude de son sort, sans consolation, assiégé
sur le mont Papoue, il demande, pour toute
grâce à ses ennemis, un pain pour l'empêcher de
mourir, une éponge pour essuyer ses larmes, et
un *instrument de musique* pour le consoler.
(*Procop.*, *lib.*, 4.) Élisabeth, reine d'Angleterre,
étant sur le point de mourir, assembla près de
son lit des musiciens, afin, disait-elle, de pouvoir
mourir aussi gaiement qu'elle avait vécu; elle
rendit le dernier soupir au son d'une douce mu-

sique. L'empereur Léopold, sentant sa fin approcher, après avoir reçu les sacrements et mis ordre à toutes choses, fit venir sa musique et mourut, en l'écoutant, le 5 mai 1705. (*Mém. du duc de St-Simon.*) Mirabeau, mourant, demanda à s'environner de musique, afin d'entrer agréablement dans ce sommeil dont on ne se réveille pas.

Arétée de Cappadoce dit que le son de la trompette et d'autres instruments bruyants avaient tant d'empire sur les prêtres et prêtresses de Cybèle, qu'il les portait à se mutiler. Un colonel, blessé à Wagram d'un éclat d'obus à l'extrémité des deux pieds, dont les filets nerveux étaient restés à découvert, ne pouvait souffrir qu'on le pansât, tant il éprouvait de douleur, à moins que la musique de son régiment ne vînt jouer auprès de lui.

Les sons variés avec une sage économie font naître des idées et impriment des mouvements indépendants de la volonté de l'auditeur, ce dont les anciens médecins savaient faire bon usage.

Quoique la musique n'ait pas trouvé de détracteurs parmi les médecins modernes, on lui refuse cependant encore aujourd'hui ce qu'on lui accordait dans les temps anciens, les honneurs du formulaire. Et les quelques observations rapportées sur son utilité sont presque toujours, selon eux, l'effet dû au hasard et non le fruit d'une application raisonnée.

Si l'on a tant négligé d'associer la musique aux

prescriptions médicinales, c'est que fort peu de médecins l'ont étudiée à fond, et par conséquent la plupart d'entre eux regardent comme fables tout ce qu'en ont dit ces hommes célèbres, qu'ils prennent cependant chaque jour pour modèles. *Chiron*, après avoir inutilement employé des remèdes, dut, plus d'une fois à sa lyre les succès qu'il a obtenus dans la pratique de la médecine. Esculape avait appris la musique de Chiron, son précepteur, qui sut tempérer la férocité d'Achille par la douce influence de l'harmonie. (Ovid., *Métam*.); Therpandre, Thalès, Tyrtée étaient, suivant Ælianus, ce que les anciens appelaient *médico-musiciens* (*Var Histor*. lib. 10, cap. 50). Hippocrate (*de Diæta*, lib. 1), Galien (*De tuenda Valetudin*.), Arctée (*De Morb. chronic*.), Cœlius-Aurelianus *Malad. aig*), et une multitude d'autres médecins célèbres ont recommandé la musique dans différentes maladies, où tout autre secours devenait inutile.

Zalmoxis, célèbre médecin philosophe de l'antiquité, disait que l'on ne devait jamais, en guérissant le corps, oublier l'âme, et qu'il fallait rappeler à celle-ci le calme et la sérénité par la musique. Asclépiade avait toujours également regardé la musique comme un remède souverain dans les maladies de l'esprit.

Les anciens, dit Monare dans son commentaire sur la loi romaine (*De mortuo inferendo*), faisaient entendre les sons les plus aigus aux moribonds ; on y soumettait même ceux qui venaient d'expirer, afin de les rappeler à la vie ; Mead assure que cette méthode n'a pas été sans succès, et il cite le fait suivant dont il a été témoin : Un carillonneur, au lit de mort, voulut qu'on sonnât son agonie ; après avoir exprimé son désir, il perd connaissance au bout de quelques heures ; les cloches sont mises en mouvement pour son enterrement : après quelques mesures du carillon, le moribond saute brusquement de son lit, se plaint de l'ignorance de celui qui le remplace, il l'appelle et lui montre sur les doigts comment il faut sonner ; puis il se recouche et éprouve une crise qui le rappelle à la vie et lui rend la santé.

Si nous en croyons Cœlius-Aurelianus (*De Morbis acutis et chronicis*), ce fut Pythagore qui employa le premier la musique pour guérir les maladies ; il fit ces expériences dans la grande Grèce, aujourd'hui la Calabre.

Ce philosophe avait une si haute idée de la musique, qu'il prétendait que le monde avait été formé par une espèce d'harmonie, et que les corps célestes qui roulent au-dessus de nos têtes produisaient dans leurs mouvements des sons mélodieux. (*Quintil.* lib. 9. c. iv.)

Les principales actions de son école, dit le même auteur, étaient consacrées par la musique. A leur réveil, les pythagoriciens disposaient leur esprit aux sons de la lyre. A leur coucher, ils provoquaient le sommeil par la musique pour

calmer les pensées tumultueuses de la journée.
Dans des siècles moins reculés, on trouve encore
des cures étonnantes, opérées par des médecins
célèbres qui ont été élevés aux plus grands honneurs. Baldassaro-Ferri de Pérouse, dont parle
Rousseau, reçut pour ses cures des éloges pom-
peux et des honneurs presque divins : on jetait
des roses sur son passage, et après sa mort on lui
érigea un monument où son buste était couronné
de lauriers, ayant pour attributs *la lyre d'Arion*
descendant du ciel, et un cygne mourant sur les
bords du Méandre, avec cette inscription : *Qui
fecit mirabilia multa*. Plus tard, Cafarelli, qui
l'avait égalé en prodiges, fit bâtir une maison
magnifique, où il mit cette inscription : *Amphion
Thebas, ego domum*.

L'homme n'est pas seul tributaire de la musique, elle exerce aussi son empire sur les animaux.
Nous ne citerons pas les oiseaux, musiciens ailés,
auxquels on attribue l'origine de cet art sublime;
nous ne parlerons pas d'Orphée apaisant les ti-
gres aux sons de sa lyre. Pythagore rapporte que
de son temps on adoucissait les loups aux sons de
la flûte, les ours et les éléphants avec le chalu-
meau ou le chant. Nous verrons plus loin comment M. Duvernoy, le fameux cor, fit essai de
son instrument sur un éléphant du Jardin des
Plantes. Boerhaave a vu des araignées et des rats
accourir aux sons du luth. Kircher écrit qu'en
1460, à Hamela, un musicien avait le pouvoir

de faire venir tous les rats qui se trouvaient dans une maison, par le moyen de sa flûte ; et après les avoir rassemblés, il sortait et les entraînait avec lui à la rivière pour les détruire. (*Musurgia universalis*, t. II, c. III.) Mais le prix convenu lui ayant été refusé, il prit une autre flûte, aux sons de laquelle il attira tous les enfants, s'en fit suivre, et jamais ils ne reparurent.

Le lion aime, assure-t-on, le son du tambour, et le chant du coq le met en fureur. M. de La Croix (Pherotée), dans ses voyages, dit que chez les Kams et les Mogols de la Tartarie, on se sert de toute sorte d'instruments pour aller à la chasse : « Quand une flûte se fait entendre au » milieu d'une forêt, on voit, dit-il, presque tou- » jours le loup, le cerf, la biche y être sensibles, » s'arrêter pour l'écouter. » (*Relation de l'Afrique.*)

On a fait la remarque que le lièvre reste immobile au son du tambour, et les chasseurs ont souvent éprouvé qu'en sifflant on fait faire à cet animal un temps d'arrêt dans sa course précipitée.

Le chien est très-sensible à la musique ; Buffon a vu un de ces animaux prendre exactement l'unisson d'un son qu'on lui faisait entendre. Les anciens artistes de l'orchestre de l'Opéra se souviennent encore du chien appartenant à M. Schenechoffer, qui donnait le diapason normal au commandement de son maître.

Le docteur Mead raconte, dans ses œuvres de médecine, qu'un musicien, ayant remarqué qu'une réunion de certains sons produisait une dissonance qui allait jusqu'à l'antipathie dans l'oreille d'un chien, continua toujours sur ce même ton pour en voir le résultat. A sa grande surprise, l'animal mourut après de fortes convulsions.

Les nerfs, étant le principe du mouvement et du sentiment, doivent, lorsqu'ils sont ébranlés, émus, communiquer leur état aux parties qu'ils pénètrent, et qui reçoivent alors cette excitation qui restitue l'activité première de la vie aux organes où elle est diminuée, suspendue. M. Duval (*Journal Encyclopédique*, 1776) a guéri une femme de soixante ans en faisant chanter près d'elle les cantiques de Noël, qui, seuls, purent l'émouvoir. Ce médecin avait essayé précédemment le clairon, la clarinette et les sons les plus aigus, auxquels elle resta absolument insensible. Au moment où on entonna le *Confiteor*, elle se souleva, joignit les mains et commença à se mouvoir en cadence. La malade, au bout de quatre jours, reconduisit son médecin jusqu'à l'extrémité de sa chambre, et le lendemain elle l'accompagna jusqu'à la porte de la rue, après avoir descendu trois étages sans être soutenue.

Un jeune homme, nommé *Farine*, en sortant de chez le supérieur du séminaire de Laon, fut frappé de catalepsie : le supérieur ne s'aperçut qu'au bout de trois quarts d'heure de cette immobilité; il appela du secours, on prodigua au malade, mais inutilement, tous ceux qui sont usités en pareil cas. Alors le supérieur se rappela que *Furiau* avait toujours été sensible aux effets de la musique. On fit venir un séminariste qui jouait assez bien de la flûte. Aux sons de cet instrument, le malade se réveilla et reprit le mouvement. (*Journal Encyclopédique*, janvier 1776.)

Il y a des instruments de peu d'expression qui tirent des larmes des personnes qui n'ont ni goût pour la musique ni aucune connaissance de l'art. Un homme, en Angleterre, éprouvait des accès de fièvre chaque fois qu'il entendait résonner une *harpe éolienne*. Certains sons exercent sur le corps humain, et même sur les animaux, une influence magnétique fort énergique. Bayle parle d'un chevalier qui, au son d'une cornemuse, éprouvait une incontinence d'urine. Une dame, citée par Rousseau, ne pouvait écouter un morceau de musique sans être prise involontairement d'un rire convulsif.

Ne voit-on pas également très-souvent des personnes qui éprouvent une sensation fort désagréable et même pénible toutes les fois qu'on gratte un mur avec les ongles, lorsque l'on coupe du liége ou qu'on lime les dents d'une scie?

Le goût particulier pour un genre de musique ou pour un instrument de préférence à un autre est souvent le fruit de l'habitude ou du préjugé, et provient quelquefois aussi d'une disposition particulière; mais il reste prouvé que l'âme peut être affectée d'une manière quelconque par de simples sons qui ne présentent ni sens ni modulation, produits non-seulement par les instruments, mais encore par le murmure des vents, par le gazouillement des oiseaux, par le bruit des cascades, par les cris de la multitude. Voici comme les choses se passent; la sensation produite en nous par le son ne s'adresse pas seulement à la réflexion; c'est avant tout à la partie physique de notre être; c'est à notre système nerveux qu'il a parlé, et la réflexion ne fait autre chose que constater l'impression physique qui nous émeut.

De tous les sons, ceux qui vont le plus directement à l'âme, ce sont ceux de la voix humaine, et tous les instruments qui l'imitent le mieux sont aussi d'une expression plus touchante. Le poëte troubadour, Pierre de Châteauneuf, arrêté dans un bois par des voleurs, sut si bien par le son de sa voix impressionner les brigands, qu'ils lui rendirent son cheval et tous les objets dont ils l'avaient dépouillé. (Nostradamus, *Vie des Poëtes provençaux*). Quant aux sons qui résonnent ensemble, les uns sont concordants et les autres discordants. Lorsque plusieurs sons, d'accord entre eux, font frémir simultanément le fluide sonore qui les a transmis, l'effet est

agréable; il est désagréable quand ces frémissements se repoussent mutuellement. Ces consonnances ne sont pas également parfaites ni ces
dissonances également choquantes. Le même
accord peut être plus ou moins agréable, suivant sa position, et l'on a remarqué que les accords les plus touchants produisent d'autant plus
d'effet sur l'être animé que les accords sont précédés d'accords plus durs et même par des dissonances, car alors ils sont d'autant plus agréables qu'ils procurent aux nerfs auditifs un plus
grand soulagement.

L'effet produit par le son sur le nerf auditif
est assez semblable à celui qu'éprouve la corde à
boyau dans les hygromètres ; si la sécheresse fait
rétracter et crisper l'une, la dissonance opère le
même effet sur nos nerfs auditifs. Les consonnances, au contraire, les dilatent et les ramènent
à leur état naturel.

Nous venons de voir que le son isolé avait un
empire incontesté sur notre organisation, et que
ces sons, réunis en accords, en avaient également
un bien grand : nous ajouterons que l'*expression*,
qui est le principal mérite de la musique, est le
plus grand auxiliaire de ces sons successifs ou
réunis en accords.

La musique sans l'expression peut remuer
l'âme légèrement, distraire un moment l'attention des inquiétudes de la vie, procurer un plaisir
passager ; mais elle n'agit pas sur nos affections ;

elle ne produit jamais un effet permanent.

Tout ce qui communique à l'âme des mouvements agréables, soit dans l'art, soit dans la nature, doit être agréable, et, puisque toutes les affections que peut exciter la musique sont de ce genre, il suit de là que toute musique pathétique et expressive doit être agréable. La musique peut échauffer la dévotion, inspirer le courage, la bienveillance, la pitié ; elle peut rendre la paix à l'âme, lui communiquer une douce mélancolie, qui affecte le cœur sans le peiner, ou le frapper d'une horreur sublime qui étonne, transporte, exalte en même temps l'imagination ; mais la musique est impuissante, et incapable d'inspirer la lâcheté, l'impiété, la cruauté, la haine. La musique ne produit que des sentiments nobles ; quant à ceux qui ne sont pas de cette catégorie, la musique ne saurait les produire ; elle n'a alors qu'un pouvoir, celui de les atténuer. La musique n'étant que la combinaison de sons agréables, il serait difficile d'imaginer qu'elle pût faire naître des affections pénibles et criminelles. Milton était si persuadé des bons effets de l'expression musicale que, dans le premier livre de son *Paradis perdu*, il lui attribue le pouvoir d'exciter des mouvements louables *dans les diables eux-mêmes*. Ce sont ces qualités que possède la musique qui font qu'on aime généralement. Elle ébranle fortement nos organes les plus délicats et parfois même les surexcite à un tel degré, qu'il n'est pas possible de se soustraire à son impression et à son action puissante.

La musique a sa poétique, qui mérite sans doute d'être recherchée. Il est bon de reconnaître toutes les sources de nos plaisirs. On parviendra peut-être à les rendre plus abondantes, ou du moins plus pures, en perfectionnant le goût, qui n'est que le sentiment éclairé des beaux-arts.

La musique est une succession ou un ensemble de sons mesurés dans leur durée ; succession dans la simple mélodie, ensemble dans l'harmonie. Les termes *peindre* et *exprimer* sont ici synonymes, et comme toute peinture est une imitation, demander si la musique a de l'expression, c'est demander si la musique imite et comment elle imite.

On peut distinguer deux sortes d'objets que la musique entreprend de peindre et d'exprimer : 1° les objets physiques, leurs diverses actions, leurs mouvements, leurs effets, et 2° les passions, ou plus généralement toutes les affections du cœur humain.

La musique peut se servir et employer avec avantage les moyens d'imitation possédés par l'organe de la voix pour peindre les objets physiques, leur action, leurs mouvements comme les langues, comme la poésie. La musique choisit, dans les objets sensibles, les sons, les actions, les mouvements, les effets, et en général toutes les circonstances qui peuvent s'imiter par les sons et par les mouvements de la voix et des diverses espèces d'instruments. Elle peindra les bruits et les sons par des sons analogues, les mouvements par les mouvements du rhythme, l'élévation d'un objet par des sons élevés, la profondeur par des sons graves, la distance par l'opposition de deux sortes de sons, la fuite, par des sons soutenus s'affaiblissant par degrés, comme les impressions que fait sur nos sens un objet qui s'éloigne ou qui fait son rapprochement par la marche contraire.

Sans doute, l'imitation attribuée à la musique suppose des ressemblances ou plutôt des analogies (qui sont des ressemblances plus faibles et plus éloignées) entre les moyens d'imitation et l'objet imité; mais ces analogies ne peuvent être contestées. On sait bien que la musique ne saurait être *fraîche* comme l'air du matin, ni *suave* comme l'odeur de la rose, ni *aigre* comme le jus du citron, ni *brillante* comme l'éclair, mais il faut bien qu'il y ait quelque chose de commun entre les impressions que nous font éprouver l'air du matin, l'odeur de la rose, etc., et l'emploi et l'agencement de certains sons, pour qu'on ait imaginé de les peindre par la musique.

Le musicien, comme le peintre, sait embellir la nature. Mais les moyens que la musique emploie doivent être choisis avec beaucoup de soins, car il y a des moments où la nature toute simple a un charme supérieur à tout embellissement;

mais ces moments sont rares. Parfois telle mère, telle femme se plaint naturellement avec des sons de voix si tendres que la musique pourrait être touchante en se contentant de saisir et de répéter ses plaintes. Cependant la nature n'est pas be le dans toutes les femmes : Bérénice, Ariane, Didon, Clytemnestre, Eurydice ont dû se laisser aller à des mouvements fort désagréables à l'oreille, et Philoctète, sur son rocher devait faire éclater sa douleur d'une façon peu harmonieuse. La musique choisit donc les expressions les plus belles de la douleur et répudie toutes celles qui pourraient blesser les organes. Elle embellit alors la nature pour nous procurer des plaisirs plus grands. Donc la musique est imitative. Elle est la première langue universelle ; comprise de tous sans étude, sans traduction ; langue si naturelle que tous les hommes ont essayé de la parler ; si simple, si accessible, qu'elle prend ses mots dans la nature qui résonne et reçoit du cœur son expression. Comme nous l'avons déjà dit, chez tous les peuples, tant anciens que modernes, la musique était regardée comme langue universelle. Mais elle n'eut pas partout le même degré de cette simplicité qui donne à la musique la clarté et l'expression, sans lesquelles elle ne saurait plaire. Tout ce que nous savons de l'ancienne musique, c'est qu'elle était aussi touchante qu'elle était simple. Tous les vieux airs nationaux, toutes les vieilles marches militaires, les anciens motets de

la musique d'église sont surtout remarquables
par leur simplicité.

Tous les cultes se sont servis de la musique
pour imprimer un caractère plus religieux à leurs
rites solennels, plus d'éclat à leurs fêtes, plus
de pompe aux naissances, aux enterrements, aux
sacrifices ; ou pour implorer la pitié céleste, ou
pour remercier la Divinité de ses faveurs. Les anciens peuples l'employaient également pour exprimer la gloire, la grandeur des dieux. La musique était en usage à Memphis pour célébrer
Osiris, de même que les Mages de la Perse s'en
servaient pour rendre hommage au *Dieu-Soleil*.
Dans le temple de Salomon, on rendait grâce à
Jéhovah au son des cymbales, des trompettes et
des harpes, mêlés aux voix du peuple et des Lé-
vites. David, voulant solenniser le transport de
l'Arche de la maison d'Abinadab dans la cita-
delle de Sion, distribua la musique en trois
bandes : la première avait des instruments de
cuivre concaves, fort retentissants, semblables à
nos timbales, mais non recouverts de peaux ; ils
étaient traversés dans leur vide par des doubles
barres de métal que l'on frappait en différents en-
droits; ces sons se mariaient fort bien, assure-t-on,
avec les trompettes sacerdotales qui les précé-
daient, et par leurs mouvements vifs, perçants
et saccadés, ils étaient très-propres à réveiller et
à exciter l'attention des auditeurs. A la seconde
bande était confiée la partie des *ténors*, qui étaient

accompagnés par un autre genre d'instrument. La troisième bande formait la basse et servait à nourrir et à soutenir la partie de dessus.

L'usage de la musique s'est également introduit dans le christianisme, qui consacra sa reconnaissance à l'Auteur de la nature par des cantiques ainsi que par les sons puissants et harmonieux de l'orgue.

Athénée (*Deipnosophistarion*) nous assure que, dans les anciens temps, toutes les lois divines et humaines, les exhortations à la vertu, les connaissances de tout ce qui concernait les dieux, les héros et la vie, ainsi que les actions des hommes illustres, étaient écrites en vers et se chantaient publiquement au son des instruments.

La musique est donc un présent du ciel utile à tous les hommes : elle convient à tous les âges et à toutes les conditions; elle ordonne le silence dans les assemblées, embellit la solitude, répand l'allégresse parmi les mortels et dissipe les nuages qui obscurcissent souvent leur esprit. La musique préside à toutes les fêtes, change la tristesse en joie, la crainte en confiance, le désespoir en espérance, et même la férocité en douceur. La musique seule suffit pour désarmer les plus intrépides et les plus orgueilleux ; elle sait conserver, au milieu des adversités, la tranquillité de l'esprit, la gaieté du visage, et, suivant ses diverses modifications, elle allume ou tempère les désirs de la jeunesse, et son secours est énergique dans nos peines et dans nos travaux.

A-t-on remarqué que la musique est l'art qui sait le mieux exprimer l'inexprimable ? Est-ce que le lever de l'aurore a un son? entendais-je dire dernièrement ; mais est-ce que les émotions de l'âme ont un son? pourrait-on répondre. Et pourtant les notes rendent saisissables les mille nuances dé la douleur ou de la joie, nuances que ne pourraient rendre les paroles.

Si nous accordons un grand pouvoir à la musique et aux espèces d'instruments de musique employés, nous ne croyons pas cependant que la musique soit un moyen efficace dans toutes les affections, ni qu'elle soit une panacée universelle à l'instar de celle de *J. B. Porta* (*Magia naturalis*), qui affirme que des instruments faits avec le bois des plantes médicinales produisent une musique empreinte des propriétés relatives à ce bois. Ainsi, selon ce médecin, pour guérir de la fièvre, il ne s'agissait que de jouer ou même de faire jouer quelques airs sur une flûte construite avec une branche de *quinquina* garnie de son écorce. Nous abandonnons ces absurdités au temps où la musique faisait partie de la médecine magique, astrologique et théosophique.

S'il y a peu d'hommes qui ne soient sensibles à la musique, il se trouve également des animaux pour lesquels elle est une passion.

Au commencement de la Restauration, un

chien de fort piteuse figure allait chaque jour à la parade qui se faisait aux Tuileries ; il se plaçait entre les jambes des musiciens, défilait avec eux, s'arrêtait avec eux. La parade terminée, le chien disparaissait jusqu'au lendemain. La laideur de ce caniche lui fit donner par les musiciens le nom de *Tout laid*. Bientôt ce chien fut fêté par chacun. On se cotisa pour lui fournir un collier sur lequel fut gravé son nom, et il fut tour à tour invité à dîner. Celui qui voulait l'avoir lui disait en le caressant : *Tout laid*, tu viendras dîner aujourd'hui avec moi. Ces mots suffisaient, le chien suivait son amphitryon ; mais aussitôt après le repas, *Tout laid* se sauvait fort impoliment, et se faufilait soit à l'Opéra, soit à Feydeau, entrait sans façon à l'orchestre, se plaçait dans un coin et n'en sortait qu'à la fin du spectacle. Ce qu'il faisait après la représentation, c'est un mystère ; *Tout laid* a toujours gardé le secret le plus absolu sur cette partie obscure de son existence. Mais un matin *Tout laid* manqua à la revue, les artistes de l'Opéra et de Feydeau ne le virent pas à sa place ordinaire. Le lendemain et le surlendemain pareille absence se fit remarquer ; enfin, le quatrième jour, la musique du régiment, obligée de s'arrêter dans sa marche pour laisser passer un chétif corbillard, que nul être humain n'accompagnait, reconnut *Tout laid* dans un barbet crotté qui seul suivait le char funèbre : C'est *Tout laid !* s'écria-t-on. On l'appelle, c'est en vain; on le siffle, il est sourd au bruit ; il continue tristement sa course sans répondre aux appels qui lui sont adressés. Le lendemain matin, le gardien du cimetière trouva un chien caniche sur la tombe commune, il était mort et couché au bord d'une excavation qu'il avait creusée avec ses pattes pour rejoindre son maître dans sa dernière demeure, et le collier portait le nom de *Tout laid*.

J'ai déjà indiqué les moyens que possède la musique pour imiter et les objets physiques et les affections morales du cœur humain. La musique opère surtout par analogie, ou, pour mieux dire, à l'aide de certains rapports admis par l'humanité.

Les analogies dont nous avons parlé tout à l'heure entre les objets physiques et les moyens que la musique emploie peuvent aider à concevoir ses analogies avec les passions.

Il est bien difficile d'expliquer avec précision en quoi consistent ces analogies. Nous admettons généralement qu'il y a un rapport entre les *sons étouffés* et le serrement du cœur que le chagrin de l'âme ou le sentiment de la crainte nous font éprouver.

Nous reconnaissons un rapport entre certains mouvements dans la musique et l'agitation intérieure causée par les passions, entre les mouvements lents et l'abattement.

Il y a un rapport aussi entre un mouvement

modéré, et cependant *andanté*, et la sérénité de
l'esprit; entre un mouvement vif et la gaieté, et,
par la raison inverse, entre la lenteur du chant
et la tristresse.

Il y a un rapport également entre la marche
d'un chant qui procède chromatiquement et le
sentiment de la douleur lorsquelle est muette.

Toutes ces données apportent avec elles quelque lumière sur la manière dont la musique agit
sur la machine animale; mais pour confirmer encore davantage ces faits et les rendre moins extraordinaires, je vais essayer de faire voir que le
fluide sonore agit en nous de deux manières :
1° comme stimulant mécanique produit par l'impression de ce fluide mis en mouvement sur notre
organisation, impression dont se ressentent également tous les corps environnants, et particulièrement lorsqu'ils sont à l'unisson; 2° comme
produisant en nous une sensation agréable. Quoique cette manière d'agir doive, rigoureusement
parlant, être rapportée à la première, elle semble
être cependant liée d'une manière particulière à
la sensibilité de notre machine.

Pour peu que l'on soit initié un peu aux lois de
la physique, on comprendra aisément la guérison
de certaines maladies par la musique. Les secousses réitérées que donnent aux fibres et aux nerfs
de notre corps les différentes vibrations du fluide
sonore dans lesquels consistent les divers sons,
peuvent souvent remettre les ressorts détraqués

de notre machine dans cette espèce d'équilibre qui constitue la santé.

La musique est une suite de sons graves et aigus qui s'accordent parfaitement ensemble, et qui sont séparés par des intervalles au moyen desquels les sens et l'imagination se récréent. Que cette musique soit vocale ou instrumentale, elle est ou *diatonique*, c'est-à-dire montant ou descendant par différents tons, ou *chromatique*, qui ne diffère de la précédente que par les *demi-tons* dont elle est ornée. Ces deux genres de musique fournissent une infinité de modifications par le moyen desquelles on peut passer d'une passion à une autre, c'est-à-dire du *grave au doux, du plaisant au sévère*. Ce changement imprévu et ces admirables effets de la musique sont faciles à expliquer si l'on réfléchi sur l'efficacité des sons et si l'on examine attentivement la construction du principal organe qui le perçoit.

Les ondulations du fluide sonore, poussées par le frémissement des corps frappés ou frottés, arrivent à la cavité extérieure de l'oreille, où, réfléchies par les différentes éminences, elles se réunissent, s'avancent par le canal auditif et vont choquer la membrane du tympan. Les tressaillements de cette membrane se communiquent avec la bouche par le conduit appelé *trompe d'Eustache*, avec la partie postérieure de la tête par la voie des *cellules mastoïdes*, et avec le *labyrinthe* par deux ouvertures dénommées *fenêtre ronde* et *fenêtre ovale.* Cette dernière est formée par un petit os qui propage son mouvement jusqu'au *labyrinthe*, où ses impressions sont reçues par une pulpe nerveuse existante dans cet endroit, tandis que toutes les parties ci-dessus nommées tremblent à la fois par l'effet du mouvement qu'elles ont reçu. Les diverses impressions du son se produisent sur l'expansion du nerf acoustique, qui les transmet au réservoir commun des sensations.

Nous avons dit que les sons étaient dus aux mouvements tremblés et rapides du fluide sonore, produits par la commotion des parties qui composent les corps frappés ; en veut-on la preuve ? Que l'on examine avec attention la corde d'un instrument que l'on touche, on apercevra la secousse que ces cordes impriment aux atomes qui les environnent, en observant ceux-ci aux rayons du soleil. La secousse d'un corps produit dans le fluide sonore des vibrations si fréquentes, qu'elles parcourent l'espace de trois cent quatre-vingt-deux mètres cinquante centimètres dans une seconde, quelle que soit son intensité.

Je vous ai déjà dit comment agit le fluide sonore : il reçoit les tremblements ou vibrations d'un corps mû contre lui, ou d'un corps contre lequel il est poussé, ou de deux corps qui se choquent mutuellement. Toutes les parties, même les plus petites du corps choqué doivent frémir et se mettre en branle ; cet ébranlement pousse l'onde du fluide sonore la plus voisine ; la partie antérieure du fluide, ainsi comprimée, rebondit aussitôt qu'elle a vaincu cette impulsion par son élasticité, elle pousse en arrière le fluide vers le corps sonore et le comprime. Cette même onde comprime la portion antérieure voisine du fluide de même qu'elle avait comprimé le corps vibrant. Cette portion rebondit à son tour et ainsi de suite, et arrive ainsi à l'organe de l'ouïe. On ne peut mieux comparer ce mouvement de l'onde sonore qu'à celui que l'on aperçoit quand on jette une pierre au milieu d'un bassin d'eau ; on voit une infinité de petites vagues se succéder et venir mourir vers les bords. Les vibrations du fluide sonore s'étendent jusqu'à la circonférence de leurs sphères par des lignes droites, et impriment leurs mouvements aux corps qui les environnent. Il est facile d'observer ce mouvement dans les églises ou dans les salles de concert par l'oscillation de la flamme des bougies. Kircher cite, à l'appui de ce que je viens de rapporter, une grosse pierre qui tremblait au son de certains tuyaux d'orgue. On peut faire la même observation dans l'église de Saint-Denis : il existe, sur le côté gauche de la grande nef, un emplacement où l'on ressent dans les jambes les frémissements des tuyaux de trente-deux pieds. On sait qu'un brin de soie se file et se tord, quelle que soit sa longueur, jusqu'à l'extrémité, malgré les points d'appui sur lesquels on est obligé de les faire passer. La vibration du fluide sonore parvenant au nerf, celui-ci transmet au loin cette oscillation, à travers toutes les résistances. Mais ces oscillations nerveuses créent des sensations ; on conçoit donc facilement comment les nerfs peuvent ainsi diriger, vers une infinité de parties de notre être, des sensations sonores de douleurs et de plaisirs, et comment la musique peut opérer ces sensations diverses.

La sensation produite par la musique paraît être le partage de tous les êtres doués du sens de l'ouïe. Le cheval frémit et s'anime au son de la trompette ; les chameaux et les bœufs, les ânes mêmes et les autres bêtes de somme ou de trait, portent leur charge et la traînent avec moins de peine et de fatigue lorsqu'ils sont accompagnés du son de la voix ou des instruments.

On chante, on siffle pour amuser les bœufs qui s'arrêtent dans le sillon, et semblent découragés lorsque l'on se tait. Les oiseaux, les insectes mêmes paraissent sensibles aux impressions de la musique. Chacun connaît l'histoire de l'araignée de Pélisson, qui descend du plafond et se tient suspendue à son fil au-dessus de l'instrument dont on joue, et qui remonte à sa toile dès que le son cesse de se faire entendre. On prétend que les dauphins et les phoques s'approchent des vaisseaux quand, par un temps calme on exécute la musique sur leurs bords. On voit des pêcheurs dans l'Adriatique jouer des instruments pendant la nuit pour attirer le poisson dans leurs filets, et, si vous faites attention, vous remarquerez que les animaux, même les plus féroces, ont une espèce de chant qui leur est propre pour exprimer leurs sensations de douleur ou de plaisir.

En Suisse, un vacher ou une vachère qui possède une jolie voix se loue beaucoup plus cher que les autres, parce qu'on a remarqué que les vaches rendent presque un cinquième de lait de plus au son d'une douce mélodie.

L'éléphant même, ce colosse, roi des animaux, se plaît au son des instruments, comme le prouve le fait suivant :

Le 10 prairial an VI, on donna aux éléphants du Jardin des Plantes un concert, et voici l'effet qu'il produisit. Les artistes étaient MM. Rousseau frères, Adrien l'aîné, Guichard, Chol, Chlart, Devienne, Meitioffer, Félix, Delcambre, Frédéric, Lefebvre, Veillant, tous musiciens distingués et attachés, pour la plupart, au Conservatoire de musique.

L'orchestre était établi hors de la vue des éléphants, dans une galerie qui règne au-dessus des loges et rangé autour d'une trappe que l'on ouvrit au moment de l'exécution. Ces deux animaux se nommaient, le mâle *Hanz*, et la femelle *Marguerite*. On leur avait laissé la jouissance des deux loges qui composaient leur habitation, de manière qu'ils pouvaient librement aller de l'une à l'autre. Tout était prêt, un profond silence se fit autour d'eux ; la trappe fut levée sans bruit, et le concert commença par un trio de petits airs variés pour deux violons et basse, en *si majeur*, d'un caractère modéré.

A peine les premiers accords se sont fait entendre, que *Hanz* et *Marguerite*, prêtant l'oreille, cessèrent de manger les friandises que leur présentait leur cornac. Bientôt ils s'approchèrent de l'endroit d'où partaient les sons. Cette trappe ouverte sur leur tête, ces instruments de forme étrange dont ils n'apercevaient que l'extrémité, ces hommes comme suspendus en l'air, cette harmonie invisible qu'ils cherchaient à palper avec leur trompe, le silence des spectateurs, l'immobilité de leur cornac, tout enfin a paru pour eux un sujet de curiosité, d'étonnement et d'inquiétude. Ils tournaient autour de la trappe, dirigeant leur trompe vers l'ouverture, et se soulevant de temps à autre sur leurs pieds de derrière, allaient à leur cornac lui demander des caresses, revenaient plus inquiets encore, regardaient, les assistants, et semblaient examiner si on ne leur tendait point un piége. Mais ces premiers mouvements d'inquiétude s'apaisèrent, et, alors, cédant sans aucun mélange de crainte aux sensations de la musique, ils n'éprouvent plus d'autres impulsions que celles qui leur venaient d'elle. Ce changement se fit surtout remarquer à la fin du trio, que les exécutants terminèrent par l'air de danse en *si mineur*, de l'*Iphigénie en*

Tauride, de Gluck, musique d'un caractère sauvage et fortement accentuée, qui leur a communiqué toute l'agitation de son rhythme. Dans leur allure tantôt précipitée, tantôt ralentie, dans leurs mouvements tantôt brusques, tantôt soutenus, on eût dit qu'ils suivaient les ondulations du chant et de la mesure. Souvent ils mordaient les barreaux de leurs loges, les étreignaient avec leur trompe, les pressaient du poids de leur corps, comme si l'espace eût manqué à leurs ébats et qu'ils eussent voulu en reculer les bornes. Des cris perçants, des sifflements leur échappaient par intervalles. Est-ce de joie ou de colère ? demandat-on au cornac. *Eux, pas fâchés*, répondit-il.

Cette passion se calma ou plutôt elle changea d'objet avec l'air : *O ma tendre musette*, exécuté en *ut mineur* sur le basson seul et sans accompagnement.

La simple et tendre mélodie de cette romance, rendue plus touchante encore par l'accent mélancolique du basson, les a attirés par une sorte d'enchantement. Ils marchaient quelques pas, s'arrêtaient pour écouter, venaient se placer sous l'orchestre, agitaient doucement leur trompe et semblaient aspirer des émanations amoureuses. Il est à remarquer que pendant toute la durée de cet air, ils n'ont poussé aucun cri, leurs mouvements étaient lents, mesurés, et participant de la mollesse du chant.

Mais le charme n'opérait pas également sur

l'un et sur l'autre. Tandis que *Hanz* se renfermait dans sa froideur et sa circonspection ordinaires, *Marguerite* était passionnée et caressante. Cette scène muette prit tout à coup un caractère d'emportement et de désordre aux accents gais et vifs de l'air *Ça ira*, exécuté en *ré* par tout l'orchestre. A leurs transports, à leurs cris d'allégresse, tantôt graves, tantôt aigus, mais toujours variés dans les intonations; à leurs sifflements, à leurs allées et venues, on eût dit que le rhythme de cet air, qui procède par temps redoublés, les poussait, les talonnait sans relâche et les forçait d'aller comme lui.

Mais heureusement la puissance invisible qui portait le trouble dans leurs sens avait aussi le pouvoir de les apaiser, et la douce harmonie de deux voix humaines, disant un adagio de l'opéra de Dardanus, vint calmer la violence de leurs mouvements.

Ces effets, tout merveilleux qu'ils paraissent, n'ont cependant rien qui doive étonner, si l'on réfléchit que les passions des animaux, comme les passions humaines, ont dans la nature un caractère rhythmique, absolu, indépendant de toute éducation et de toute habitude. En marquant les mouvements qui conviennent à ces passions et y joignant les accents qui leur sont propres, la musique les réveille et les excite. Elle les change ou les calme à son gré, en combinant la mesure, l'ordre et la succession de ces mouvements.

Mais rien ne prouve mieux ces relations, ces correspondances intimes du rhythme et de la mélodie, avec les mouvements et les accents des passions que l'indifférence où sont restés les éléphants quand, pour la seconde fois, on a joué l'air *Ca ira*, immédiatement après celui de Dardanus, avec le seul changement de *ré* en *fa*. C'était bien le même chant, mais il n'avait plus la même expression; c'était bien la même harmonie, mais elle avait perdu sa première énergie; c'était bien la même durée relative de temps, mais ces temps étaient moins frappés et ne marquaient pas le même rhythme.

On passa alors à d'autres airs, tels que l'ouverture du *Devin du Village*, qui les excita à la gaieté; *Charmante Gabrielle*, qui les a plongés dans une sorte de langueur; puis on a repris. pour la troisième fois, le *Ca ira*, mais, comme la première fois, en *ré*. Alors les mêmes accidents se sont fait apprécier : mêmes mouvements. même frénésie, même délire.

Ces différents faits démontrent évidemment la puissance du fluide sonore sur les êtres animés La musique, inspirant des sentiments agréables, doit donc être placée dans la classe des forces excitantes qui, pourvu qu'elles ne soient pas trop prolongées ou trop vives, redonnent une nouvelle énergie aux fonctions animales et les raniment. Les sensations agréables réveillent la force vitale, l'exaltent et la fortifient; elles augmentent l'ac-

tion de toute la machine et mettent dans une plus grande ac ivité les organes les plus importants de la digestion, de la circulation et de la sécrétion. Le docteur Hufeland, dans son *Art de prolonger la vie humaine*, en parlant des stimulants agréables, dit : « Que de tous les plaisirs, il n'en est
» aucun qui puisse égaler la musique, qui, seule,
» peut, sans la moindre impression de l'intelli-
» gence, opérer aussi rapidement et aussi immé-
» diatement des effets marqués sur le rétablis-
» sement de l'esprit et de la régularité de la vie.
» Sans que le jugement s'en mêle, notre être
» reçoit le ton et l'harmonie que la musique
» nous inspire; le pouls devient plus agité ou
» plus tranquille, la passion se réveille plus ou
» moins à mesure que ce langage intellectuel se
» fait entendre. Sans parler, le son, par sa seule
» force, agit immédiatement sur notre intérieur
» et nous enlève souvent d'une manière irré-
» sistible. »

On a longtemps cru à l'influence de la musique rhythmée sur les piqûres de la tarentule, cette erreur singulière subjugua les savants et les peuples. Baglivi (*Opera omnia medico-practica*), lui-même, quoique placé favorablement pour vérifier les faits, a été dupe de sa crédulité. Haffenreffer (*Monochodon, symbolico*, etc., etc., a consacré un long chapitre d'un de ses ouvrages à l'exposition très-sérieuse des différentes pratiques musicales les plus convenables dans la piqûre de la tarentule.

Si l'on voulait en croire Haffenreffer et d'autres graves écrivains, les tarentules elles-mêmes seraient soumises à l'action de la musique, et forcées de danser au son des instruments. Cet auteur a même décrit une contredanse exécutée par ces araignées, et il a fait graver les figures de cette danse dans son livre. Nous engageons ceux qui pourraient encore croire aux guérisons des piqûres de tarentules par la musique à lire ce qu'en dit, dans ses écrits, l'abbé Nollet, et de prendre connaissance d'un excellent mémoire de l'illustre Serrao, publié en 1742.

Une excitation vive, prompte et inattendue, par une musique soit bruyante, soit harmonieuse, peut produire assez d'émotion pour changer le cours de nos humeurs. Tourterelle (*Nosolog. Méth.*, t. II) a vu guérir un organiste de Besançon par quelques concerts que ses amis exécutaient au moment où il entrait dans un délire furieux, survenu pendant le cours d'une fièvre putride.

Un médecin de Paris donnait ses soins à une jeune dame qui était depuis quelques jours dans un état de faiblesse et de prostration alarmantes. Allant la voir un matin, au moment où passait un orgue de Barbarie, qui s'arrêta sous ses fenêtres et joua un air qui parut émouvoir beaucoup la malade, le médecin s'aperçut qu'elle était vivement et agréablement affectée par les sons de cet instrument; il profita de cette circonstance, il fit exécuter pendant quelque temps, et chaque jour, plusieurs fois les airs qui paraissaient lui être le plus agréables, et il parvint ainsi à lui rendre la santé.

Le célèbre médecin Desessarts reconnaissait également que les sons gradués avec une sage économie produisaient dans l'homme des idées, des pensées différentes de celles qui l'occupaient, et faisaient naître en lui des mouvements presque toujours en accord avec l'intensité des sons ; que ces sons opéraient des changements extraordinaires dans les fonctions animales, et il a remarqué que certains accords conduisaient graduellement quelques malades aux plus violents excès, dont des crises salutaires furent la conséquence.

Un musicien, disent les annales de l'Académie des Sciences de Paris (1707 et 1708), fut attaqué d'une fièvre qui, augmentant de jour en jour, devint continue avec de nombreux redoublements ; le septième jour, survint chez le malade un délire accompagné de larmes, de terreurs et d'une insomnie constante. Cette fièvre ayant un peu cessé au bout de trois jours, le malade demanda que l'on fit un peu de musique dans sa chambre. Aux premiers accords qu'il entendit, les convulsions cessèrent entièrement et il s'en trouva délivré pendant toute la durée du morceau ; lorsque la musique finit, le malade retomba dans ses crises extraordinaires, et il ne recouvrait le mouvement que par l'exécution d'un autre morceau. Au bout de dix jours de musique réitérée sa santé fut rétablie.

Un second fait rapporté par le même recueil est celui d'un danseur qui, fatigué par l'exercice de sa profession, tomba malade avec une fièvre violente accompagnée de léthargie, qui bientôt dégénéra en un délire furieux et muet. Le malade faisait de continuels efforts pour sauter hors de son lit, menaçant tous ceux qui l'en empêcheraient et refusant les remèdes qu'on lui présentait. Le maire de la ville habitée par le malade proposa au médecin d'user de la musique pour remettre un peu cette imagination déréglée; le docteur approuva l'idée quoiqu'il craignît d'être ridiculisé par ses confrères. Un ami du malade joua les airs les plus familiers; ceux qui le veillaient crurent l'exécutant beaucoup plus fou que celui qu'ils gardaient dans son lit. Mais, à leur grand étonnement, on vit le malade se lever sur son séant, regarder autour de lui comme un homme agréablement surpris; néanmois il ne pouvait marquer que de la tête le plaisir qu'il ressentait, parce qu'on retenait ses bras avec force. Peu à peu, cependant, reconnaissant les bons effets que la musique produisait sur lui, on céda à ses mouvements; au bout d'un quart d'heure, il s'assoupit profondément, et pendant son sommeil il eut une crise qui, une fois passée, le guérit complétement.

La musique possédant une influence aussi énergique sur les êtres organisés, elle doit donc être utile pour la guérison de plusieurs maladies. Si nous parcourons les histoires anciennes et modernes, si nous ouvrons les fastes de la médecine, nous apercevons partout les effets surprenants opérés par la musique ; effets que l'on ne saurait expliquer que par la présence de ce fluide sonore, qui, selon moi, enveloppe et pénètre tous les êtres.

Il y a lieu de penser, comme Boërhaave (*Methodus Studiis medici*), que tous les prodiges que l'on raconte sur les enchantements et les vers employés dans l'antiquité pour la guérison de certains maux doivent être attribués, pour la plupart, aux effets de la musique, science dans laquelle les anciens médecins étaient parfaitement versés.

Pourquoi la musique n'opérerait-elle plus chez nous les mêmes prodiges que chez les Grecs et les Orientaux ? Nos instruments seraient-ils inférieurs à ceux des anciens ? Le violon, la harpe, la flûte, le piano même, ne valent-ils pas autant que la lyre des Athéniens, le psaltérion de Sidon, les systres dorés de Memphis ? La musique de Pergolèse, de Mozart, de Rossini, de Meyerbeer, d'Auber, de Thomas, de Verdi, serait-elle inférieure à celle de Therpandre et d'Arion ? ou enfin, y aurait-il dans l'espèce humaine une tendance graduelle à l'insensibilité ? Pour moi, je crois fermement que si la musique actuelle était mise en usage avec discernement dans les différents cas où les anciens l'employaient, elle exciterait encore en nous les effets qu'ils lui attribuaient.

La musique des anciens était simple et expressive ; elle était plus pathétique et plus efficace que la musique moderne. Les anciens s'occupaient plus à émouvoir le cœur qu'à réveiller l'esprit et à inspirer le plaisir. Ils avaient trois modes principaux : l'un, appelé *phrygien*, avait le pouvoir d'exalter les esprits, d'exciter la fureur, la colère, d'animer le courage, etc., etc. L'autre mode, connu sous le nom de *dorien*, inspirait les passions opposées et ramenait à un état plus tranquille les esprits agités ; ce genre de musique se composait de sons graves et religieux. Le troisième mode était le *lydien*, propre à la mollesse et à la tristesse ; c'est pour cela que Platon l'avait banni de sa *République*. Timothée excitait la fureur d'Alexandre avec le mode phrygien et la calmait par le dorien. Le centaure Chiron faisait taire au son de sa lyre la colère d'Achille.

> *Puerum cythara perficit Achillem*
> *Atque animos molli contudit arte feros.*
> (Ovide.)

Plutarque raconte que le musicien Therpandre, appelé de Lacédémone à l'île de Lesbos, y calma, par la douceur de sa voix, une violente sédition.

Nous lisons encore que Galien attribua à Damon, musicien grec, la tranquillité rendue à des jeunes gens ivres, qu'une joueuse d'instruments égyptiens avait rendus furieux.

Mais l'antiquité ne nous offre pas seule les merveilleux effets de la musique ; nous avons dans l'histoire moderne des faits semblables à raconter. Si Timothée savait exciter et calmer Alexandre, un musicien moderne faisait naître dans Henri, roi de Danemark, une telle fureur, qu'il tuait jusqu'à ses domestiques. Amurat XI venait de massacrer ses frères ; un habile musicien, qui allait périr également, sut tellement adoucir par ses accents le cœur de ce tyran féroce, que des larmes s'échappèrent de ses yeux et le musicien obtint la vie. D'Aubigné écrit que, sous Henri III, le musicien Claudin jouant aux noces du duc de Joyeuse, un seigneur s'anima au point de porter la main à la garde de son épée ; mais l'artiste s'empressa aussitôt de le calmer par un genre de musique opposé. Le peintre Mens, avant de prendre ses pinceaux pour animer ses toiles, se faisait très-souvent faire de la musique, tantôt douce, tantôt bruyante, pour élever sa fertile imagination au degré de ses désirs.

Nous avons vu, il y a une soixantaine d'années, la musique faire partie intégrante, en France, des assemblées publiques ; elle y était admise comme capable d'inspirer, d'exciter et d'entretenir l'élan patriotique des représentants de la nation. La

Convention ouvrait souvent ses séances soit par le chant de *la Marseillaise* ou d'un autre chant patriotique exécuté par l'*Institut national* de musique, depuis *le Conservatoire*, dirigé par Sarette. Pour s'en convaincre, il ne faut qu'ouvrir *le Moniteur* de l'an III, on y lit :

« CONVENTION NATIONALE.

» *Séance du 9 thermidor.*

»   .   .   .   .

»   .   .   .   .

» L'Institut national de musique exécute l'*ou-*
» *verture d'Heller*, on chante ensuite *l'Hymne à*
» *l'humanité*, de Baour-Lormian, musique de
» *Gossec* ; puis *le Chant du 9 thermidor*, paroles
» de Desforges, musique de *Lesueur* ; vient en-
» suite un hymne dithyrambique sur la *Conju-*
» *ration de Robespierre*, paroles et musique de
» *Rouget-de-l'Isle.*

» GIRARD. — Je demande qu'on joue l'air des
» Marseillais.

» Les enfants aveugles exécutent ce morceau
» suivi, d'un hymne : *Invocation à l'Harmonie.*
» L'Institut reprend et chante *l'Hymne du 9 Ther-*

» *midor*, paroles de Chénier, musique de *Méhul* :
» *Salut, Neuf Thermidor, jour de délivrance...*
» Ces chants sont souvent interrompus par les
» plus vifs applaudissements.
» TALLIEN demande la parole et monte à la tri-
» bune pour rendre compte de l'expédition de
» Quiberon. . . . . »

La musique moderne a donc, comme on le voit, sur les corps animés un pouvoir véritable et égal à celui que possédait celle des anciens ; mais notre musique paraît être devenue plus douce, plus voluptueuse, plus disposée à la compassion, et n'être faite enfin que pour captiver les cœurs et inspirer de l'amour.

Si notre musique n'est pas aussi énergique que celle des anciens, elle n'est pas cependant sans pouvoir, comme on l'a vu, sur notre organisation, et on trouve des effets analogues et chez les anciens et chez les modernes. Aussi, si les anciens employaient la musique pour la guérison de certaines pestes, Diamerbroek assure, dans ses observations, qu'il s'est servi dans le même cas, et avec succès, de ce remède admirable. Le docteur Calvet a souvent employé la musique pour couper ou atténuer les accès de fièvres adynamiques. Si Théophraste vante le mode phrygien pour guérir ou modérer les douleurs de la sciatique, de Gesner cite un Italien tourmenté depuis plus d'un an de cette même maladie, qui fut guéri au son d'une musique dansante.

Cœlius Aurélianus dit avoir observé qu'au moment où l'on se mettait à chanter au-dessus des parties douloureuses, elles palpitaient; cette palpitation ne se ralentissait que graduellement et à mesure que la douleur se dissipait : *Loca dolentia decantasse quæ cum saltum sumerent palpitando discusso dolore mitescere.*

L'usage et les bons effets de la musique dans les accès de goutte sont connus depuis longtemps; le docteur Bonnet nous les confirme dans ses ouvrages. Albert, duc de Bavière, fils de Frédéric, éprouvait un grand soulagement dans les douleurs atroces de la goutte qui le tourmentaient, par l'audition d'une musique douce et soutenue. Desault, médecin de Bordeaux, prétend l'avoir employée avec succès dans les cas d'hydrophobie.

Il nous reste encore plusieurs faits remarquables à signaler.

Je ne vous parlerai pas, je vous l'ai dit, de la *Tarentule,* dont la piqûre était, disait-on, guérie par la musique ; car, quoique Baglivi, Geoffroy, Mead et autres médecins soient de cet avis, et bien que Haffenrefer ait été plus loin, en assurant que les tarentules, elles-mêmes, sont soumises à l'action de la musique, il est aujourd'hui bien prouvé que cet insecte n'a aucune part à cette espèce de mélancolie dont on le disait la cause, mal qui domine surtout en été dans les provinces méridionales du royaume de Naples. Cette maladie n'est autre qu'une maladie convulsive produite par les coups de soleil, comme l'a fait observer le professeur Portal dans un de ses cours au Collége de France.

Le docteur Franck, professeur à l'école de Pavie, conseillait l'emploi de la musique comme très-avantageux dans les maladies aséniques, et citait à ce sujet la guérison suivante : La fille d'un musicien de la cour de Bavière fut attaquée d'une fièvre nerveuse. Le médecin, ayant employé inutilement tous les remèdes usités en pareil cas, pria un jour la mère de la malade de jouer du clavecin ; la fille, peu de temps après, ouvrit les yeux ; en continuant à employer ce moyen, on remarqua dans la malade un mieux très-marqué et elle se trouva enfin parfaitement guérie. Le docteur observa que, chez la malade, l'effet de la musique était plus efficace, dans certaines circonstances, que celui de l'alcali volatil et des autres stimulants.

Le docteur Calvet a communiqué une observation qui vient à l'appui de celle-ci : Une jeune dame, musicienne distinguée, fut prise, à la suite de violents chagrins, d'une fièvre adynamo-ataxique. Ce fut en vain que l'on employa les stimulants les plus recommandés ; le kina, le camphre, les cantharides, rien ne faisait. Le docteur Calvet désespérait de rappeler sa malade à la vie, et ne sachant plus quel remède employer, il crut devoir faire usage de la musique. Le mari joua de la harpe pendant plusieurs heures. La malade fit quelques mouvements, se réveilla de sa léthargie et fit connaître qu'elle éprouvait du bien-être, etc.

Il nous faudrait un volume si nous cherchions à enregistrer toutes les cures opérées par la musique.

Tout le monde a entendu parler de la guérison, en 1776, de la princesse Pignatelli, par le chant d'une ariette de Hass, exécutée par le chevalier Raaf. L'artiste à peine entré, la malade l'invita à chanter ; pendant tout le temps de l'air, la fièvre, dont la princesse était tourmentée, cessa totalement ; étonné de ce changement subit, son médecin lui dit en lui montrant le chanteur : *Voilà, madame, voilà votre médecin !*

Le professeur Pinel dit, dans son *Traité de la Folie* : « C'est dans les charmes de la musique, par l'émotion vive et profonde qu'elle procure, qu'on peut produire des changements durables dans cette maladie. »

On connaît les surprenants effets du chanteur Carlobroschi sur le roi d'Espagne, Philippe V, pendant ses accès de manie.

Nous n'avons parlé, jusqu'à présent, que du fluide sonore proprement dit ; nous l'avons considéré comme unique et isolé. Malgré les nombreux témoignages que nous avons déjà donnés de son pouvoir physique, nous avons les mains pleines encore de mille et mille autres faits.

Le son produit isolément a-t-il seul le pouvoir

d'exciter notre système nerveux ? En est-il du son comme de certains métaux ou de quelques liqueurs, qui, mêlés ou amalgamés avec d'autres, perdent une grande partie de leurs propriétés? La musique, enfin, ce composé de sons divers, jouit-elle des mêmes pouvoirs que le son entendu isolément? C'est ce que nous allons examiner le plus brièvement possible.

Nous savons que la musique a pour objet les sons, considérés comme agissant sur l'organe de l'ouïe par leur gravité ou leur acuité, leur force, leur timbre et leur durée.

La musique donc se divise en deux parties bien distinctes ; la première consistant : 1° dans la succession des sons plus ou moins graves ou plus ou moins aigus, c'est la *mélodie ;* 2° dans l'assemblage de plusieurs sons qui doivent se faire entendre en même temps, voilà l'*harmonie ;* 3° dans la détermination de la durée respective et de la durée réelle des sons ou silences, c'est ce que l'on nomme *mesure* ou *rhythme.* La première partie de la musique est l'art du compositeur ; l'autre partie est consacrée à la production des sons, soit avec la voix, soit avec les instruments, en se conformant à l'intention du compositeur, c'est l'art du chanteur, du symphoniste. Ainsi donc, nous avons à examiner les effets physiques de cinq choses différentes : le *son,* la *mélodie,* l'*harmonie,* le *rhythme* et l'*exécution.*

Nous ne pouvons pas cependant aborder cette

partie de notre travail sans nous arrêter un moment devant cet instrument, *organum*, chef-d'œuvre de création : l'*ouïe*, qui sert à percevoir les sons; instrument si parfait, qu'il offre, depuis le premier âge du monde, un modèle à l'imitation. Le génie humain s'est évertué et s'évertue, chaque jour encore, à l'imiter par mille moyens mécaniques, mais sans parvenir à la perfection, parce que cet instrument, type par excellence de ce qui est et de ce qui sera, réunit toutes les qualités de ceux que le genre humain a déjà construits et de ceux que l'imagination et l'esprit de l'homme n'ont pas encore conçus.

L'OUIE.

« L'organe de l'ouïe a évidemment, dit Charles Nodier, produit la parole, la poésie, la musique; et la parole, la poésie et la musique ont aussi évidemment produit les perfectionnements de la civilisation. »

Oreille vient du mot latin *auris*, que quelques étymologistes ont dérivé de *haurire*, qui signifie *tirer*, *puiser*, parce que, disent-ils, les oreilles tirent ou reçoivent la voix et les sons dans leurs cavités.

L'oreille serait seule, en effet, un chef-d'œuvre de construction si tout dans la nature, la chose la plus simple, comme la plus compliquée, n'était autant de merveilles et de chefs-d'œuvre, dont la contemplation fait rejeter bien loin le hasard de la création et démontre avec évidence la puissance et la réalité d'un Créateur suprême.

L'oreille ou l'organe de l'ouïe est très-rapproché du cerveau et très-voisin des yeux, avec lesquels il a une analogie de fonctions remarquable; ces deux sens annoncent à la créature les objets extérieurs. Un musicien joue-t-il un morceau, les yeux lisent les notes, et l'oreille l'avertit si l'exécution est juste ou fautive; la communication entre les yeux et l'ouïe est tellement intime, que lorsque vous lisez : *ut, mi, sol,* l'idée du son est déjà fixée; et si vous exécutez *ut, mi, la,* aussitôt l'oreille perçoit la différence.

L'absence d'un de ces organes rend l'autre beaucoup plus attentif. Ainsi, on remarque qu'un sourd voit avec plus de rectitude, et que chez un aveugle l'oreille est plus sensible et plus fine.

Nous allons donner un aperçu de la construction anatomique de l'oreille; cet aperçu est nécessaire à toutes les personnes qui s'occupent de la science musicale. Nous ne discuterons cependant pas si l'oreille est composée de *conduits nerveux,* comme le prétendent Davernay et plusieurs autres; ou de *cordes sonores,* ainsi que le dit Valrosa; ou de *filaments résistants,* selon le dire de Cassebohm; ou de *filaments nerveux*, d'après les recherches de Simon Cellicus; ou de *fils transparents, arrondis*, décrits par Morgagny; ou de *tuyaux membraneux*, comme cherchent à le prouver Scarpa et Tourde.

Ce que nous constaterons d'abord, s'est la sympathie qui existe entre les deux organes de l'ouïe, sympathie qui se fait remarquer dans toutes les circonstances. Fermez une oreille, vous entendrez le bruit extérieur; fermez l'autre aussi, vous n'entendrez plus rien. Faites vibrer la corde d'un violon, ouvrez une oreille, vous entendrez un son; ouvrez-les toutes les deux, vous n'entendrez de même qu'un seul son, quoique les vibrations viennent frapper de l'un et de l'autre côté.

Quoique l'homme ait généralement des sens plus parfaits que celui des animaux, il en est cependant qui l'emportent sur lui à certains égards. L'aigle fixe le soleil, reconnaît sa proie à de très-grandes distances; le renard et autres ont une finesse d'odorat étonnante; le lapin, le lièvre et la belette ont de grandes oreilles d'une extrême mobilité, qu'ils ont la faculté de mouvoir en plusieurs sens, et surtout en devant, ce qui est une sauvegarde pour leur timidité et leur faiblesse.

L'homme sauvage a aussi l'ouïe beaucoup plus fine que l'homme civilisé; son oreille extérieure est moins aplatie, moins rapprochée des tempes, parce qu'elle n'est pas comprimée par toutes ces folles inventions dont notre enfance est victime.

Afin de recevoir les sons avec plus d'avantage et de sûreté, la nature a construit, pour le sens de l'ouïe, un appareil extérieur, qui est formé de cartilages et se nomme l'*oreille extérieure* ou *externe;* cette oreille présente plusieurs contours élevés et des enfoncements destinés à retenir les sons et à les réfléchir vers l'intérieur de l'appareil. Le centre de cet appareil se nomme *conque* et tient à un canal qui s'appelle *conduit auditif*, dont la construction est en grande partie osseuse, et dont la direction est variée; l'épiderme se continue dans ce conduit auditif, de même que la peau, qui devient mince peu à peu et est exactement étendue sur l'os; elle est, pour cette raison, très-sensible aux démangeaisons et autres sensations. Une partie aussi intéressante méritait l'attention du grand Architecte, et il l'a conséquemment enduite d'une onctuosité qui la défend contre les injures de l'air et chasse et arrête les insectes. Une petite forêt de poils, qui s'y trouve, est destinée aux mêmes usages. Au bout de ce canal se trouve la membrane du *tympan*, située obliquement, un peu concave du côté du conduit auditif. Sa tension donne plus d'intensité au son, et son relâchement en diminue la force. Aussi, lorsqu'on est distrait, on perd facilement des sons légers qu'une vive attention nous ferait saisir. Un ressort quelconque ne peut être trop forcé sans inconvénient; il en est de même du tympan.

La caisse du tambour est une grotte située derrière la membrane du tympan ; sa forme est irrégulière ; elle renferme quatre petits os, dont la dénomination exprime la figure ; le premier se nomme le *marteau ;* il a une tête ronde au cou, un long manche qui descend le long de la membrane du tympan jusqu'à la partie moyenne ; il est mû par trois puissances ; cet os est articulé ou joint avec l'*enclume,* qui est un petit os plus court et plus épais.

Le marteau communique à l'enclume les ébranlements qu'il a reçus de la membrane du tympan ; l'enclume, à son tour, transmet ses mouvements à l'*étrier,* qui est ainsi nommé parce qu'il ressemble assez à un étrier ; il a deux branches un peu courbes ; la base est ovale et remplit exactement une ouverture appelée *fenêtre ovale ;* il est mû par une seule puissance ; le dernier osselet est nommé *lenticulaire ;* il est fort petit, et même plusieurs anatomistes ne le reconnaissent pas. De la cavité du tympan partent plusieurs canaux ; en devant c'est la *trompe,* qui est le plus considérable de tous, et, formée de cartilages et de membranes, elle se termine par une ouverture elliptique très-large derrière les narines, dans la cavité du gosier. L'air, lorsque nous faisons le mouvement d'aspiration, entre par ce canal dans le tympan, s'y renouvelle, et la mucosité se répand autour des osselets pour les oindre.

Lorsque des sons violents poussent la membranc en dedans du tympan, il peut sortir une petite quantité d'air par la trompe. Cette membrane dirige aussi à l'organe de l'ouïe les sons reçus par la bouche; de là vient le bourdonnement lorsqu'on bâille, c'est ce qui rend les sons moins distincts; en effet, l'air, poussé en plus grande abondance par la trompe dans le tympan, résiste aux ébranlements de l'air extérieur. La fenêtre ovale conduit dans le vestibule, qui est une cavité ronde, tracée dans la partie dure du *rocher* et adjacente à la partie interne du tympan.

On y trouve les orifices des trois canaux demi-circulaires; canaux écailleux et distincts dans la première enfance, mais qui, plus tard, sont seulement tracés dans la partie dure du rocher.

Le *limaçon* est placé dans la partie antérieure du rocher; un de ces orifices bâille dans le vestibule, et l'autre dans la fenêtre ronde, située au fond du tympan.

Le *limaçon*, fait d'un noyau osseux et conique, dont la pointe est inclinée en dedans, est divisé dans son milieu par un sillon et criblé, à la base et dans toute sa longueur, d'une grande quantité de trous qui se terminent par des tuyaux qu'on appelle *échelons*. Ce canal a deux loges, et il est divisé par une cloison qu'on a nommée *lame spirale*.

Voilà toute la charpente osseuse de l'oreille; il lui fallait la vie et le sentiment. Les vaisseaux sanguins et les nerfs furent destinés à ces deux fins.

Les premiers sont fournis par des artères et des veines des parties environnantes.

Les nerfs de l'oreille s'appellent *nerfs auditifs;* ils ont deux portions, une dure et une molle. La portion molle fournit aux limaçons, aux canaux demi-circulaires et au vestibule ; la portion dure paraît n'entrer dans l'oreille qu'en passant et pour aller communiquer avec les nerfs du dehors, qui sont voisins.

Les ondes sonores de l'air tombent sur l'oreille, qui les reçoit conformément aux lois de la physique. Les angles de réflexion du son sur les corps durs sont égaux aux angles d'incidence ; le même son, poussé dans l'air libre, s'affaiblit, parce qu'il s'étend dans une sphère très-vaste ; il conserve sa force si on le pousse dans un cylindre, et si on le réunit dans le foyer d'une ellipse ou d'une parabole, il acquerra de la force.

De là, il est aisé de voir combien le Créateur a manifesté sa puissance et son attention dans la structure de l'oreille et dans les lois qu'il a imposées au son.

Le nerf, qui se rend dans le vestibule et dans les canaux demi-circulaires, est frappé par les ébranlements de l'air extérieur, qui se rendent jusqu'à l'étrier et touchent, par la fenêtre ovale, la pulpe du nerf, qui y est mû ; il se sépare, sans doute, de cette pulpe des rameaux qui passent par les petits trous des noyaux et se distribuent au périoste du limaçon et à la partie membraneuse de la lame spirale. Le limaçon paraît destiné à être l'organe immédiat de l'ouïe. Cependant les poissons, qui en sont privés, ne laissent pas d'entendre très-bien le moindre bruit, quoique l'on ait voulu leur refuser la jouissance de cette fonction. Cette observation ne détruit cependant pas les droits du limaçon à cet égard, et nous sommes très-porté à croire, avec un grand nombre d'auteurs, que la lame spirale, remplie de nerfs, est ébranlée par l'oscillation de la membrane interne du tympan, qui agite l'air de cette cavité, de sorte qu'il ébranle la membrane de la fenêtre ronde, et celle-ci l'air du limaçon. La lame spirale est triangulaire ; elle forme angle aigu à son sommet, et on peut imaginer dans cette lame un nombre infini de cordes, de plus en plus courtes, qui s'accordent et sont en harmonie avec les différents sons. Celles de la base du limaçon tremblent avec les sons graves, et les plus courtes, situées à la pointe, sont agitées par les sons aigus.

Les secousses élastiques de l'air arrivent aux nerfs auditifs par l'oreille extérieure, par le conduit auditif, par la membrane du tympan, et se communiquent, par les os contigus, plus exactement dans le vestibule, plus confusément, au moyen de l'air du tympan, dans la fenêtre ronde, dans le limaçon ; on ne sait rien de plus ; mais il est constaté que le tremblement sonore et élastique se transmet au cerveau par la trompe et par tous les os du crâne.

La distinction des sons dépend, sans doute, de l'ébranlement du nerf acoustique, suivant qu'ils se succèdent plus ou moins promptement dans un petit espace de temps. Il n'est pas nécessaire que l'âme puisse les nombrer, il suffit qu'il existe dans la pensée des changements conformes à ces ébranlements.

Des naturalistes ont étendu la sympathie de l'oreille beaucoup plus loin, ils ont prétendu que, en coupant les oreilles, on rendait le patient impuissant, et cette fausse croyance donna naissance, en grande partie, à la loi qui jadis ordonnait cette opération sur certains coupables, afin qu'ils ne reproduisissent plus leurs semblables.

Il est assez remarquable que la grandeur de l'oreille ne fait rien pour l'ouïe, et si la grandeur ajoutait quelque qualité à l'entendement, l'âne serait celui des animaux qui aurait cet organe le plus parfait; mais il n'en est rien, la grandeur de l'oreille ne fait rien à sa bonté. On peut avoir de grandes oreilles, de larges oreilles, et n'avoir pas d'oreille, c'est-à-dire n'entendre pas bien.

DU SON.

Le principal moteur dans la musique c'est le son, sorte de mouvement tremblé et rapide du fluide sonore, produit par la commotion des parties qui composent les corps frappés. C'est lui qui agit avec le plus de force sur notre organisation, il peut produire les effets les plus énergiques. L'on ressent parfois un frémissement qui peut occasionner, chez quelques personnes, la syncope : le nombre des surdités causées par un bruit fort et imprévu est immense. On a vu le son produire des vertiges, des convulsions, des épilepsies, de l'irritation dans les blessures, et les chirurgiens observent tous les jours à l'armée combien les plaies empirent et prennent un aspect fâcheux lorsqu'il se donne quelque bataille dans le voisinage et que l'on entend les coups répétés du canon.

Chez les blessés, les fortes détonations exercent parfois une influence funeste. Au siége de Dantzick, les soldats blessés éprouvèrent de violentes douleurs dans leurs plaies, des secousses continuelles dans leurs moignons, qu'ils étaient obligés de soutenir de leurs mains. Les plaies de la tête et les fractures comminutives devenaient parfois promptement mortelles, quand on ne pouvait soustraire aux bruyantes détonations les malheureux chez qui elles se rencontraient. (PERCY.)

A l'hôpital de Glatz, pendant qu'on faisait le siége de cette place, la plus grande partie des blessés étaient sujets à des convulsions qui ne cessèrent qu'après leur transport en Moldavie.

On lit, dans l'*Histoire de l'Académie des Sciences*, qu'une jeune fille affectée par des accès très-forts d'une passion histérique s'était inutilement soumise à toutes les espèces de remèdes. Un jour, on tira par hasard à côté d'elle un coup de pistolet. Ce coup opéra sur tout son corps une révolution si grande et si heureuse que le paroxysme fut presqu'à l'instant dissipé et ne revint jamais.

Si l'on touche les cordes d'un instrument, on découvre la secousse que les cordes impriment aux atomes qui les environnent en observant, comme je l'ai dit plus haut, ceux-ci aux rayons du soleil. Il est facile d'apprécier ce mouvement dans les églises ou dans les salles de concerts par l'oscillation de la flamme des bougies.

Si l'on place à une petite distance deux instruments accordés à l'unisson, et que l'on en touche un, l'autre rendra le même son quoique plus faible. Kircher cite, à l'appui de ce fait, une grosse pierre qui tremblait au son de certain tuyau d'un orgue. Bayle remarque que les siéges frémissaient au son des orgues, comme dans la boutique d'un chaudronnier.

La fréquence des vibrations produit un son aigu ; leur lenteur, dans le même espace de temps, en donne un grave. Les cordes, plus courtes, et plus tendues, forment un son aigu ; plus longues et moins tendues, elles ne produisent qu'un son grave : toutes ces différentes dispositions de tons forment une quantité de modifications de sons, qui, suivant qu'ils sont plus ou moins sonores, plus ou moins agréables, excitent en nous une sensation plus ou moins douce, puisqu'en effet l'organe de l'ouïe est une espèce de tact ; plus l'impression qu'il reçoit est grossière, plus il est affecté; plus elle est adoucie, plus il en ressent du plaisir.

De la même manière qu'une trop forte tension ou un déchirement produit la douleur et un chatouillement le plaisir, de même la dureté et la discordance des corps sonores déchirent et offensent les fibres du nerf acoustique, tandis qu'au contraire la douceur de leurs accords les chatouille et les récrée.

La musique, considérée simplement comme un son ou un bruit, agit principalement sur les ramifications du nerf acoustique, mais soit en raison de la communication qu'a ce nerf avec ceux de toute la machine, soit par une espèce de sympathie nerveuse, soit enfin à cause de l'unité de l'excitabilité qui démontre le grand accord qui existe entre toutes les parties du corps, cette action se manifeste dans les différentes parties de la machine animale. Boerhaave a observé que toutes les fois que l'on jouait d'un instrument à côté d'un certain sourd, tout son corps tremblait.

Il y a des personnes à qui un genre de musique cause une sensation si agréable qu'elle dissipe leur chagrin, leur ennui, leur malaise, leur tristesse, leur langueur : Une dame, peu sensible à la musique ordinaire, ayant été, par l'avis de son médecin, s'établir dans une ville de garnison uniquement pour entendre tous les jours la musique militaire pour une maladie de langueur, de tristesse, éprouvant quelquefois des faiblesses considérables, des vomissements dans certains moments, des maux de tête, enfin, fort malade, cependant sans danger, la musique militaire lui procura tant de ravissement et un si grand contentement qu'après deux mois elle fut parfaitement guérie.

Nous avons déjà dit que *Cœlius Aurelianus* assurait que l'on soulageait les parties malades en chantant dessus, et que le frémissement qui résultait procurait un soulagement très-marqué. Le docteur *Lorry* dit que cet effet doit être également sensible pour les personnes qui n'entendent pas comme pour celles qui ont l'ouïe très-délicate ; c'est surtout à l'épigastre que l'on ressent ce frémissement.

Il y a des *sons* que l'on nomme *parents*, lesquels s'appellent, se provoquent par suite de la conformité de leurs rapports harmoniques. Les ondes sonores, lorsqu'elles agissent ainsi par *influence* sur les corps, acquièrent une puissance telle, que certains sons ont parfois le pouvoir d'ébranler, de crevasser les voûtes les plus solides. Au point de vue de la science naturelle, disait M. Kastner, on ne saurait refuser une réalité absolue au miracle de l'écroulement des murs de Jéricho au son des trompettes ni à la fiction populaire des œufs de poule éclatant au braiement d'un âne.

De nombreux exemples, recueillis dès le moyen âge, constatent que des verres ont pu être brisés en mille éclats par une forte émotion de la voix humaine. Suivant Pline, le même effet peut être produit sur des vases de terre.

Au milieu du dix-septième siècle, un marchand de vin de la *Prinzengracht* d'Amsterdam, nommé Petter, s'était acquis une grande célébrité en exécutant ce tour de force devant ses hôtes. Un jour, il détruisit, par ses éclats de voix, vingt-cinq verre en une demi-heure. Sa renommée était telle, qu'on venait des contrées les plus éloignées pour le voir, et que même un docte Allemand, Daniel-George Morhof, se rendit auprès de Petter, et consigna le résultat de ses observations dans une grosse dissertation latine aussi savante que spirituelle, publiée en 1662.

A propos de la thèse de Morhof et d'autres exemples de verres minces et convexes brisés par un éclat de voix que cite Bartoli (Bologne 1780), Chladni constate que ce phénomène était précédé d'un bruissement très-fort; le son de la voix devait alors être celui qui précisément convenait au vase.

On m'a montré, dit Chladni, un endroit du Talmud (Bawa-Kama, 18) où l'on discute l'indemnité qui peut être exigée quand un vase est rompu par la voix d'un animal domestique, ce qui donne lieu de présumer que des cas semblables ont dû jadis se présenter.

On a essayé le son sur des sourds et muets, et on remarqua que chez l'un d'eux les sons répétés avec ménagement lui rendirent successivement l'ouïe et la parole, dont il avait été privé en naissant. (*Mém. de l'Acad. des Scienc.* 1703.)

M. Itard, qui fut, fort longtemps, médecin de la maison des sourds et muets, a fait, sur ce genre d'affection, les expériences les plus curieuses, les plus utiles, et il a obtenu quelques guérisons merveilleuses par l'effet du son. C'est en éprouvant toutes les modulations et tous les timbres des instruments, en passant graduellement du grave à l'aigu, qu'il est parvenu à trouver le son sous l'influence duquel le sourd et muet manifeste le plus de perception ; et passant ainsi aux autres tons voisins, il faisait naître pour ainsi dire et perfectionnait la sensibilité de l'oreille.

La surdité est souvent le résultat d'une exposition continue à de fortes détonations ; aussi rencontre-t-on cette infirmité chez un assez grand nombre de canonniers, tandis que d'autres, chez qui de violentes secousses ont détruit la membrane du tympan, et qui peuvent faire passer de la fumée de tabac à travers leur conduit auditif, conservent encore l'usage de ce sens précieux.

M. Dugès rapporte qu'un professeur de Strasbourg a guéri une fièvre intermittente opiniâtre en tirant à l'oreille du malade un coup de pistolet au moment où l'accès commençait à s'annoncer :

« La réaction a dû suivre brusquement la frayeur
» et produire l'effet d'un stimulant diffusible. »
(M. Duges. *Essai physiologico-pathologique*.)

Il est bien certain que c'est notre oreille qui
transmet au cerveau les sensations légères du son ;
mais les violentes commotions sont perçues par
les surfaces de la peau et de la membrane mu-
queuse ; je ne chercherai pas à expliquer comment
ensuite elles agissent, mais il est certain que c'est
dans les cavités qu'elles répondent, dans la thoraci-
que surtout ; aussi n'est-il pas rare de rencontrer
chez de vieux artilleurs des catarrhes chroniques
et des dyspnées. C'est sans doute en se basant sur
l'observation de ce phénomène que Percy recom-
mandait à tous les jeunes militaires qui avaient
la constitution faible, la poitrine étroite et resser-
rée, de ne pas entrer dans l'arme de l'artillerie.

Les anciens habitués de l'Opéra doivent avoir
conservé le souvenir d'un spectateur hypocon-
driaque et goutteux, qui, chaque soir de représentation, se faisait traîner péniblement au théâtre ; la musique avait un tel empire sur son
organisation, qu'après la chute du rideau, il ren-
trait chez lui, leste et dispos, et restait dans cet
état tant que l'agitation des nerfs ne s'était pas
calmée ; aussitôt la tranquillité nerveuse rétablie,
la douleur reparaissait.

M. *Mairan* rapporte, dans les *Mémoires de
l'Académie des sciences*, l'histoire d'une femme
sourde qui sentait parfaitement le son du tambour

par la commotion qu'elle éprouvait au creux de l'estomac et dans toute la région épigastrique. On lit, dans les *Transactions philosophiques*, qu'une femme n'entendait ce qu'on lui disait que lorsque les paroles étaient accompagnées du tambour; l'instrument cessant de se faire entendre, la surdité reprenait son empire.

Un M. D.., habitant le département de Seine-et-Marne, entend très-difficilement; quand il va en chemin de fer, il ne prend que la troisième classe, parce qu'à l'aide du bruit qui s'y fait, il entend parfaitement ce qu'on lui dit à voix basse, ce qu'il serait impossible de faire hors du wagon. *Haller* a observé qu'en ouvrant la veine à un malade, le sang sortait plus abondamment au bruit du tambour.

Lady Roussel, femme très-pieuse, étant malade en 1746, tomba en catalepsie; les médecins l'abandonnèrent, la croyant morte. On allait l'ensevelir, la bière était toute prête; son mari, cependant, poussé par une sorte de pressentiment, retardait toujours la cérémonie. Plusieurs jours se passèrent ainsi; mais quelle ne fut pas la surprise de ceux qui veillaient et priaient avec le mari, près du corps, de voir lady Roussel se réveiller au son d'une certaine cloche de l'église voisine, dont le tintement ne se faisait entendre que tous les huit jours, pour convier les fidèles à l'office, puis se lever sur son séant et dire : « Voilà le dernier coup de la prière; allons, il est temps de partir.»

Elle guérit ensuite parfaitement, ajoute le *Journal des Savants*, auquel nous empruntons ce fait.

Les sons aigus font d'ordinaire une impression très-vive et très-pénétrante ; et, selon *Cullen*, ils peuvent même blesser l'organe de l'ouïe. En 18.., un ménage, venant de la province visiter la capitale, descendit dans un hôtel de la rue de la Harpe. La femme, jeune et jolie, d'une santé parfaite jusqu'alors, fut atteinte, le jour même de son arrivée, d'une attaque de nerfs très-violente, qui se termina par un long évanouissement ; le lendemain, même accès. On envoie chercher un médecin, qui lui fait suivre un traitement sans pouvoir parvenir ni à diminuer ni à reculer les accès ; ce médecin s'adjoint un confrère ; mêmes résultats négatifs. Mais un jour qu'ils sont rassemblés auprès de cette femme, qui, dans cet instant n'éprouvait aucun symptôme de son mal, tout à coup elle change de couleur et tombe dans un accès violent. Sans s'inquiéter de l'état de la malade, le médecin de la maison se précipite hors de l'appartement, descend les escaliers et examine toutes les personnes qui l'environnent ; il n'aperçoit dans ce moment qu'un porteur d'eau ; il court à lui et lui donne cinq francs, en l'engageant à revenir dans quatre heures crier son eau sous les fenêtres ; il remonte ensuite, et, l'accès terminé, il donne rendez-vous à son collègue sans lui rien dire de plus. A l'heure fixée par le médecin, on fut exact. La malade avait repris sa gaieté et sa douce quiétude, car elle n'avait jamais eu deux accès dans la même journée ; mais les quatre heures sont expirées, le porteur d'eau pousse son cri aigu, et l'attaque de nerfs le suit immédiatement. La cause étant connue, il fut alors facile, avec quelque argent, de l'éloigner, et la malade n'éprouva plus aucun accès.

Des pifferari étant entrés dernièrement (mai 1868) dans la cour d'une maison située rue Lepic, n° 84, se mirent à jouer de leurs instruments ; à peine avaient-ils commencé, qu'une femme eut un accès nerveux qui la poussait à s'élancer vers la fenêtre ; on eut beaucoup de peine à la calmer, et dans la même maison et au même instant une autre femme tombait en défaillance.

Les combinaisons du son et leurs effets s'opèrent par l'intermédiaire d'agents dont les uns sont en nous et les autres hors de nous : la voix et les instruments.

LA VOIX.

« L'homme est arrivé, dit Charles Nodier ; il tenait de la nature animale la propriété de la vocalisation ou du cri. »

« Il avait, par-dessus toutes les espèces, l'heureuse conformation d'un organe admirablement disposé pour la parole : instrument à touches, à cordes, à vent, dont la construction sublime fera le désespoir éternel des mécaniciens, et qui module des chants si supérieurs à toutes les mélodies de la musique artificielle, dans la bouche des **Malibran**, des **Damoreau**. Il avait dans les poumons un souffle intelligent et sensible ; dans ses lèvres, un timbre épanoui, mobile, extensible, rétractible, qui jette le son, qui le modifie, qui le **renforce**, qui l'assouplit, qui le contraint, qui le voile, qui l'éteint ; dans sa langue, un marteau souple, flexible, onduleux, qui se replie et qui s'interpose entre ses valves, selon qu'il convient de retenir ou d'épancher la voix ; qui attaque ses touches avec énergie ou qui les effleure avec mollesse ; dans ses dents un clavier ferme, aigu, strident ; à son palais, un tympan grave et sonore : luxe inutile, pourtant, s'il n'avait pas eu la pensée. Mais celui qui a fait ce qui est n'a jamais rien fait d'inutile, l'homme parla parce qu'il pensait. Son langage fut d'abord simplement vocal. »

Le larynx, situé au haut du cou, dont la partie qui est en devant se nomme vulgairement la pomme d'Adam, est le principal organe de la voix. Le fluide sonore en est la matière ; les poumons servent de soufflets ; la trachée-artère sert de porte-vent ; l'effort des parois de la poitrine est le poids qui charge le soufflet de l'orgue. Les organes de la voix peuvent donc être regardés comme des instruments à cordes et à vent.

La prodigieuse quantité de tons et d'accords

qui font l'objet principal de la musique, la délicatesse, la justesse et la promptitude des mouvements qui la produisent sont admirables. Tout dépend d'un allongement ou d'un raccourcissement, dont les différences sont renfermées dans les bornes de deux ou trois lignes.

On a divisé l'octave en trois cent une parties, qu'une voix sans défaut, conduite par une oreille fine, peut entonner. Il n'y a rien que de très-ordinaire à une voix qui va à trois octaves, en comptant les tons forcés au-dessous de la voix pleine et au-dessus du fausset : ce sont donc neuf cent trois parties de tons marquées dans un si petit espace, par des divisions et subdivisions qui leur sont propres.

Si l'imagination les confond, la nature les distingue, et elle choisit le point nécessaire, pour chaque parcelle de ton, avec une justesse qu'il est difficile de concevoir.

Il est aisé de voir que les instruments à vent, les plus propres à l'harmonie, ne sauraient être comparés à la voix. Cette dernière l'emporte en perfection sur les flûtes, les jeux à biseaux de l'orgue et les cors de chasse, et l'usage même des instruments à vent est opposé et nuisible à l'organe de la voix ; l'expérience journalière le confirme.

Pour que la voix se forme, il faut que le fluide sonore soit poussé avec force dans la glotte et par la glotte, qui se rétrécit pour lors ; le fluide se brise sur les bords de cette même glotte, qui forment alors comme deux lames vibrantes, qui, semblables à celle des touches, permettent ou interceptent de temps en temps le passage, et qui ébranlent le larynx, lequel réagit sur le fluide et augmente son action.

C'est la quantité de fluide poussée par les poumons qui détermine la mesure de la voix, et elle est proportionnée à la capacité et à l'élasticité des poumons, de la trachée-artère et du larynx ; la glotte se rétrécit dans le ton aigu et se dilate dans le ton grave. La raison en est, qu'il y a existence de plusieurs tremblements dans le premier cas, et moins dans le dernier. Le larynx s'élève avec d'autant plus d'efforts que la voix est plus aiguë. La tête, même, est alors portée en arrière, pour laisser mouvoir tous les ressorts avec plus d'aisance et de force ; pour l'octave, le larynx se hausse d'un demi-pouce. Les oiseaux qui chantent ont la glotte étroite et très-élastique : cette dernière est, au contraire, large, dans les animaux qui n'ont qu'une voix enrouée ; elle est encore plus large dans ceux qui mugissent et dans ceux qui sont muets. Le sifflement prouve ces assertions, en ce que le son aigu dépend évidemment du rétrécissement des joues et des lèvres. Les instruments de musique ne forment aussi des sons plus ou moins aigus qu'en raison du diamètre de l'ouverture par laquelle l'air sort, et de la célérité de celui qu'on y pousse. Telles sont les causes qui produisent la différence des voix dans les deux sexes.

Les femmes, ayant des organes plus mobiles, plus fins et moins amples, doivent avoir la voix plus aiguë : le contraire est chez l'homme, et la voix la plus grave se termine par un souffle muet. La voix modulée par des différents passages, du ton grave à l'aigu, forme le chant qui est produit par les tremblements du larynx et par sa suspension entre des forces contrariées : c'est ce qui distingue la parole du chant. Il est, conséquemment, plus pénible de chanter que de parler, par rapport à l'action vive et continuelle des puissances qui émeuvent le larynx et le mettent en équilibre ; c'est pourquoi ceux qui chantent immodérément s'épuisent la poitrine. Les efforts de tous les muscles nécessaires pour mettre en jeu tout l'appareil de la voix produisent des frottements pernicieux et emportent la liqueur qui enduit ces parties.

C'est autrement dans la parole. Les tons aigus et graves ont peu de différence. La parole harmonieuse a diverses variétés dans les tons, et elles dépendent de l'action des organes de la bouche, qui est moins laborieuse que l'action du chant.

La parole consiste dans la prononciation des lettres, différente suivant les nations. La division du plus grand nombre des lettres est cependant la même par toute la terre. On appelle *voyelles* les lettres qui se forment par la voix, uniquement exprimées par la bouche, sans donner de coups de langue contre aucune partie. Les consonnes se forment par quelques coups de langue contre certaines parties de la bouche, des lèvres ou des deux.

Il est un peu difficile d'assigner la cause de la diversité des tons. Dépend-elle de la longueur des ligaments de la glotte et des vibrations plus ou moins fréquentes de ces mêmes ligaments? Nous ne le déciderons pas. Les oiseaux ont une glotte osseuse et cartilagineuse, qui, par cela même, n'est pas capable d'extension, et cependant ils sont les musiciens des airs. Les pourquoi? et les comment? paraissent inaccessibles, dans la nature à tout homme qui pense et qui voit en grand.

La voix est mise en action par nos sensations, elle est guidée par notre volonté. La nature seule trouve les combinaisons qui font de la voix un agent musical; l'art ensuite étend, développe et régularise ses ressources. Parmi les agents musicaux, la voix tient le premier rang, non-seulement à raison de la facilité que la nature donne à chacun de s'en servir sans études, mais encore parce que la voix est de tous les instruments de musique le plus fécond, le plus riche, le plus varié et le plus ravissant.

De tous les sons, celui qui va le plus directement à notre cœur, c'est la voix humaine; la voix de l'homme, quand les sons sont bien nourris bien ménagés, possède un moelleux, une variété, une énergie au-dessus de tout instrument ; et une belle voix, modulée avec sensibilité, est, sans contredit, le son le plus doux et le plus touchant que l'art ou la nature puisse produire.

La parole est le moyen par lequel la musique détermine le plus souvent le tableau dont elle nous offre l'image, et c'est par les sons touchants de la voix humaine que cette image peut éveiller, au fond des cœurs, le sentiment qu'elle y doit produire. Les anciens ne séparaient point la musique de la poésie ; aussi ces deux arts, se prêtant mutuellement secours, ne manquaient jamais l'expression du sentiment qu'ils avaient à peindre et atteignaient toujours leur but.

A la puissance mécanique des sons sur le corps humain, à l'influence secrète qui les met en harmonie avec tels autres sons, aux beautés musicales et aux tableaux qu'elles rappellent, à l'empire du mode et du rhythme, la musique vocale doit associer encore les richesses de la poésie ; la parole, ainsi que la mélodie, étroitement unies sous un même accord, devient une langue délicieuse qui plaît au cœur et qui l'émeut facilement. La musique ne se serait pas attirée la haute considération dont elle jouissait parmi les anciens si elle n'eût été que purement instrumentale ; l'expression musicale sans parole est souvent vague, équivoque, mais les paroles lui donnent de la fixité, et pourvu que le poëte ne s'écarte pas trop de son sujet, il peut changer d'idées sans que le musicien soit obligé de changer de mélodie.

DE LA MÉLODIE

Les anciens fondaient les effets qu'ils attendaient de la musique sur la *mélodie*, et c'est aux modes doriens, lydiens, qu'ils rapportaient tout le merveilleux du succès, et, de tout temps, on a reconnu son empire.

Aujourd'hui on se réduit aux tons *majeurs* et *mineurs* que l'on modifie aussi de manière à produire les sensations que l'on veut exciter. Grétry, dans son essai sur la musique, a déterminé les modes qui conviennent à tel ou tel caractère des personnages qui doivent exprimer telle ou telle passion. C'est en appliquant la modulation convenable, dit un philosophe platonicien, que la musique, au lieu de nuire, devient efficace dans les maladies.

David, selon Kircher, ne ramenait Saül à la santé qu'après avoir essayé plusieurs airs sur des instruments différents, dont chacun avait sans doute un timbre particulier.

Le jeu des musiciens prend une expression particulière chaque fois qu'il change de ton et de pays.

La mélodie n'est pas la même dans tous les climats ; il existe une bien grande différence entre le chant froid, lent du Lapon et le chant vif et animé du Créole.

La variété du tempérament doit aussi apporter une différence sensible dans le timbre que l'on doit employer chez les malades : le son de la trompette excite vivement un tempérament sanguin, et le lymphatique y reste insensible ; la flûte émeut et charme le mélancolique, elle fatigue, au contraire, le bilieux. Le stoïcien sévère fronce le sourcil au son de la même mélodie qui pénètre et arrache souvent des larmes à l'homme sensible.

Mme Delaitre, mère d'un ancien préfet du département d'Eure-et-Loir, âgée de quarante-huit ans, éprouva, pendant son séjour à Chartres, en l'an IV, une révolution si grande à la mort d'une de ses intimes amies, qu'elle assista à ses derniers moments, que sur-le-champ elle se trouva mal, tomba sans connaissance avec tous les symptômes d'une apoplexie. M. *Guillirault*, son médecin, employa quelques secours prompts, et la maladie se changea en léthargie. Sachant que Mme Delaitre aimait la musique avec passion, il fit jouer sur le piano, d'abord un air grave qui ne produisit aucun effet ; on lui substitua un air plus gai ; en moins de dix minutes, la malade se réveilla, son corps éprouva un frémissement général, elle étendit ses membres, ouvrit les yeux.

reconnut ses enfants et dit : « J'ai bien mal à la tête. »

On continua ce remède pendant quelques jours, et on finit ainsi par lui rendre la santé.

Desessart cite (*Recueil d'observations de médecine clinique*, 1811) un jeune homme qui aimait beaucoup le violon, et qui était atteint d'une fièvre continue, accompagné de délire et d'assoupissement stupide. On avait en vain épuisé sur lui tous les remèdes pharmaceutiques : On essaya de faire agir le pouvoir de la mélodie. Desessart fit placer convenablement, dans la chambre voisine, un artiste qui joua des airs touchants, et ces airs causèrent au malade autant de joie que de surprise ; la poitrine s'éleva, il respira plus facilement ; mais au bout de quelque temps, le jeune homme tomba dans un affaissement presque léthargique ; le visage était rouge, les yeux étaient remplis de larmes. On tenta une seconde épreuve, en joignant au violon la basse, dont le malade jouait aussi très-bien. L'émotion fut prompte, il eut des convulsions suivies d'une grande faiblesse ; on voulait renoncer à l'emploi de la musique, mais on essaya, avant d'interrompre ce nouveau régime, d'employer une mélodie moins excitante ; et, en effet, les convulsions se calmèrent, et le soin que l'on prit d'aller graduellement en augmentant, mit bientôt le malade en pleine convalescence.

Une femme est prise d'une attaque de nerfs,

qui se change en mort apparente. On appelle le médecin. Tous les moyens pharmaceutiques restent sans effet ; mais le médecin, **M. Bourdais**, aperçoit dans le salon une harpe, et cet instrument lui fait naître une heureuse idée qu'il s'empressa de communiquer à l'époux désespéré. La proposition de faire de la musique près du lit de mort fut d'abord repoussée par la tendresse de cet époux. Toutefois, sur les instances de **M. Bourdois**, une excellente harpiste du voisinage fut appelée : placée tout près du lit de l'agonisante, elle exécuta divers morceaux pleins d'expression. Cette expérience durait déjà depuis une demi-heure sans que la musique eût produit l'effet qu'on en espérait ; heureusement on ne se lassa point. Après quarante minutes, l'habile observateur remarqua que la respiration devenait plus distincte, plus accélérée, bientôt les mouvements de la poitrine furent, pour ainsi dire, semblables à ceux du rhythme musical. La musicienne redoubla d'ardeur : une chaleur vivifiante se distribua dans tous les membres, le pouls s'éleva, se régularisa ; de profonds soupirs s'échappaient incessamment de la poitrine, elle paraissait comme oppressée : tout à coup le sang jaillit du nez, et, après cette hémorrhagie, la malade reprit la parole ; peu de jours après, elle était convalescente.

Dans toutes les douleurs vives, soit morales, soit physiques, les accents d'une douce mélodie ont une action plus ou moins puissante, suivant le rhythme et suivant le degré de sensibilité du malade : le hoquet accidentel, un violent mal de dent ou de tête se dissipent souvent au son d'un instrument par l'attention qu'on y apporte.

C'est principalement contre la folie que la mélodie a été employée jadis avec succès. Voici à ce sujet ce qu'écrivait, il y a quelques années, dans un journal de médecine, le docteur Marchand, aliéniste distingué, qui a fait de cette infirmité l'étude spéciale de toute sa carrière :

« C'est particulièrement contre la folie que la musique a été employée. Asclépiade prétendait que rien n'était plus propre que cet art à guérir les phrénétiques et ceux atteints d'une autre *maladie d'esprit*. Xénocrate, que nous avons déjà cité, faisait chanter des vers aux maniaques. Arétée conseille aussi la musique contre « certaines mélancolies qui portent ceux qui en sont atteints à se déchirer le corps ou à se faire des incisions dans les chairs, poussés par une pieuse fantaisie, comme s'ils se rendaient, par ce moyen, plus agréables aux dieux qu'ils servent, et que ces dieux exigeassent cela d'eux. Cette espèce de fureur ne les tient que par rapport à cette opinion ou ce sentiment de religion. Ils sont d'ailleurs bien sensés ; on les réveille, ou on les fait revenir à eux par le son de la flûte et par d'autres divertissements »

» Philippe V, roi d'Espagne, atteint de folie,

recouvra sa raison à la suite des concerts donnés par Farinelli, mandé exprès à la cour de Madrid. William Albrecht et Bourdelot citent plusieurs exemples d'aliénés guéris par la musique. On lit dans l'histoire de l'Académie des sciences « qu'un maître de danse, sujet à un état de léthargie auquel succédait un délire furieux et aphonique, reçut la visite d'un de ses amis qui s'amusa à lui jouer quelques airs sur son violon; le malade, étonné, se lève, bat pendant quelque temps la mesure de la tête et des mains, s'endort et se réveille parfaitement guéri. « Daguin, selon ce que rapporte un médecin de Châlons, fit exécuter, par plusieurs violons, différents airs qu'ils savait devoir plaire à un maniaque. Une seule séance d'une heure suffit pour rendre à ce malheureux la raison, dont il était privé depuis huit jours.

» De tous ces faits, ni de ceux plus nombreux consignés dans les auteurs, on ne peut rien conclure sur l'efficacité de la musique contre la folie. A quelle époque de la maladie l'a-t-on employée? Le malade n'était-il pas déjà convalescent? Et puis, les exemples d'aliénés qui retournent brusquement à la raison sans cause connue ne sont pas rares. Enfin, combien de temps aurait duré l'état de santé? N'aurait-on pas confondu une rémittence avec une guérison?

» De nos jours la musique appliquée au traitement de la folie a été le but des recherches de quelques observateurs. Dans son admirable traité des maladies mentales, M. le docteur Esquirol consacre quelques pages au traitement de ces maladies par la musique et raconte le résultat de ses nombreuses expériences. « J'ai, dit-il, essayé de la musique de toutes les manières et dans les circonstances les plus favorables au succès; quelquefois elle a irrité jusqu'à provoquer la fureur, souvent elle a paru distraire, mais je ne peux dire qu'elle ait contribué à guérir : elle a été avantageuse aux convalescents. »

» Un lypémaniaque, pour lequel son frère faisait de la musique avec les meilleurs maîtres de Paris, devenait furieux quoique les musiciens fussent dans un appartement séparé du sien; il répétait aux personnes qui étaient auprès de lui : C'est exécrable de chercher à se réjouir lorsque je suis dans un état aussi affreux. Ce frère tant aimé fut pris en aversion par le malade. »

Pendant l'été de 1824 et celui de 1825, M. Esquirol fit des expérimentations sur quatre-vingts femmes de la Salpêtrière. M. Henri, professeur au Conservatoire, M. Brod, etc., secondés par les élèves du Conservatoire, se réunirent plusieurs dimanches de suite dans cet hospice. « La harpe, le violon, le piano, quelques instruments à vent et des voix excellentes concouraient à rendre ces concerts aussi agréables qu'intéressants. » Des morceaux d'expression différente furent joués, en variant la nature et le nombre des instruments, toutes les malades furent très-attentives, plus ou moins émues par la musique, mais l'on n'obtint pas de guérison, pas même d'amélioration dans leur état mental. Après ces concerts, les musiciens allaient exécuter, dans les cours de l'hospice, des airs connus, populaires, guerriers ou tendres. Le son des instruments excitait les malades, quelques-unes parmi les furieuses formèrent des rondes pour danser. Cette excitation cessait presque en même temps que la musique. »

« De tous ces insuccès, dit M. Esquirol, je ne conclurai pas qu'il soit inutile de faire de la musique aux aliénés ou de les exciter à en faire eux-mêmes ; si la musique ne guérit pas, elle distrait et par conséquent elle soulage ; elle apporte quelque soulagement à la douleur physique et morale ; elle est évidemment utile aux convalescents, il ne faut donc pas en repousser l'usage. »

M. le docteur Foville pense que les succès dus à l'usage de la musique sont un de ces événements rares et heureux très-difficiles à reproduire par des combinaisons volontaires. A tous ces faits, que j'ai reproduits succinctement, qu'il me soit permis d'ajouter, dit le docteur G. Marchand, mes propres observations sur les effets de la musique dans le traitement de la folie.

« Avant d'avoir rien lu de tout ce qui précède, un hasard fortuit me fit croire à la possibilité de guérir quelques aliénés par l'usage de la musique. En 1833, pendant mon séjour dans la maison de santé de M. le docteur Delaye, à Toulouse, on lui confia un maniaque que nous désignerons par le nom supposé de M. Benoît.

M. Benoît, ancien officier de cavalerie, âgé d'environ trente-cinq ans, présentait tous les attributs d'un tempérament musculaire : l'on attribuait à des excès et à des chagrins la manie aiguë dont il était atteint. Lors de son entrée chez M. Delaye, M. Benoît était dans un état de grande agitation, de véritable fureur, qui ne tarda pas à se calmer. Cependant, M. Benoît se croyait Dieu, Napoléon; il voyait dans ses camarades d'infortune des hommes puissants, des ennemis déguisés, simulant la folie pour mieux le tourmenter. Très-souvent il traçait sur les allées du jardin des figures hiéroglyphiques, des plans de forteresses, au milieu desquelles il finissait toujours par se placer. Alors, prononçant à haute voix tous les commandements militaires, il s'excitait, injuriait, menaçait tout le monde, et malheur aux imprudents qui se seraient approchés de lui, il les aurait assommés. Cinq ou six domestiques suffisaient à peine pour lui mettre la camisole sans établir de lutte. Ce fut dans le début d'un de ces accès de fureur que M. Benoît entendit un joueur de flûte d'une force plus que médiocre. Aux premiers sons de l'instrument, M. Benoît resta immobile, bientôt il se rapprocha du musicien, attentif, les yeux fixés sur lui; il lui adressa des éloges sur son talent et le pria d'exécuter quelques morceaux qu'il désigna lui-même. Le reste de la journée, M. Benoît fut assez calme pour obtenir la permission de dîner à la table présidée par le médecin, et, pendant fort long-temps, ce moyen a suffi pour faire avorter ses accès de fureur. Il devint cependant insensible aux charmes de la flûte, qu'il avait paru toujours préférer à toute autre musique.

Dans plusieurs circonstances, M. le docteur Delaye, qui ne néglige rien pour adoucir le sort de ses malades, a fait donner, dans un jardin central de son bel établissement, des concerts qui pouvaient être entendus par tous ses pensionnaires. Tous ont été plus ou moins agréablement distraits par la musique, quelques-uns ont été excités, aucun n'a dû sa guérison à l'usage d'un pareil moyen. Il serait possible qu'un succès complet eût suivi les essais tentés sur M. Benoît, si la folie n'eût été compliquée de paralysie générale, indice toujours certain d'incurabilité.

De tous les établissements de Paris consacrés au traitement des aliénés, la Maison Royale de Charenton a la première essayé de la musique comme moyen de guérison. Sous l'administration de M. de Coulmier, on donnait, une fois la semaine, des spectacles, des bals ou des concerts, dans une salle disposée à cet effet. Cette pratique devint malheureusement l'occasion des abus les plus révoltants, et les malades qu'on voulait dis-traire servirent bientôt d'amusement à un public trop facilement admis à ces réunions. Tout Paris voulut voir le fameux de Sade, et assister aux soirées de Charenton, dont il était un des principaux ordonnateurs. Sur les instances de M. Royer-Collard, alors médecin en chef, le Ministre défendit ces réunions par décision du mois de juillet 1811.

L'ancien directeur, M. Palluy, à la sage administration duquel l'établissement est redevable de tant d'importantes améliorations, sut mieux comprendre les besoins des aliénés. Adoptant les opinions de M. Esquirol sur les effets de la musique, il l'associa aux moyens nombreux de distraction qu'il procurait aux malades. J'ai assisté à presque tous les concerts qu'on a donnés à Charenton, et voici ce que j'ai vu :

Sur une population d'environ cinq cents malades, cent, tout au plus, furent jugés capables d'assister aux concerts. Dans ce nombre se trouvent compris des malades guéris, quelques incurables tranquilles et des individus atteints de folie intermittente et alors dans leur période de raison. Ainsi, comme on le voit, le chiffre des aliénés sur lesquels la musique pourrait agir comme moyen de guérison est très-restreint. Les programmes des concerts ont toujours été assez variés ; on a exécuté, avec la voix ou sur des instruments, des morceaux d'expression différente, de la musique gaie, facile, excitante, d'autre plus savante, plus grave, plus triste, capable d'inspirer des idées mélancoliques. Jamais la musique ne m'a paru agir sur ces malheureux différemment que sur les personnes bien portantes. Le plus grand nombre écoutait avec plaisirs les morceaux gais et faciles, quelques-uns seulement ont été sensibles à la musique savante, tous ont éclaté de rire aux charges spirituellement chantées, à diverses époques, par MM. Boulanger, Oudot, etc..... Dans un des derniers concerts, une jeune femme, mélancolique, portée au suicide, musicienne et d'un esprit très-cultivé, a été assez émue pour verser quelques larmes.

Je dois mentionner d'une manière spéciale un concert donné, si je ne me trompe, en 1836, et où on ne joua que des contredanses et des valses. Ce concert excita tous les malades, qui, je n'en doute pas, se fussent laissé entraîner aux plaisirs de la danse si l'espace le leur eût permis, ou mieux si la présence des médecins et du directeur ne les eût retenus. Une femme incurable ne put s'empêcher de chanter : elle en demanda et en obtint aussitôt la permission.

L'HARMONIE.

On nomme harmonie, l'union simultanée des sons ; l'harmonie est fondée sur la nature ; chaque corps sonore, dont les sons concomitants donnent la triade, le prouve. La nature a placé aussi l'harmonie dans l'âme humaine, puisque tout ce qui se présente à nous avec de belles proportions nous fait éprouver un sensible plaisir. L'harmonie agrandit l'expression de l'art, lui donne un caractère plus précis, et fait de la musique un langage propre à exprimer les caractères particuliers des différentes affections de l'âme. Les Pythagoriciens disaient que notre âme n'était formée que d'harmonie. On lit sur la façade de l'École de Pythagore cette inscription : *Éloignez-vous, profane, que personne ne porte ici ses pas s'il ignore l'harmonie.* Les élèves de Zoroastre, commençant et finissant leur journée d'étude par des concerts, voulaient par là, sans doute, préparer leurs âmes à contempler la vérité, persuadés que, par les mouvements doux et mesurés de la musique, l'âme entrait dans ce silence des sens, dans cette égalité et cet équilibre parfait que demandent les spéculations épurées.

Tous les corps ont la propriété d'être en harmonie avec certains sons ; et il n'est pas dans la nature un être qui n'ait avec un autre quelques rapports harmoniques, ou qui ne soit en unisson avec lui. L'homme est loin d'être étranger à cette loi, au physique comme au moral, il trouve aussi ses rapports harmoniques : certains accords le frappent plus ou moins puissamment. Les sons de certains instruments le pénètrent plus profondément et portent au haut du gosier une espèce de frémissement dont l'impression prolongée et soutenue peut aller, chez quelques personnes, jusqu'à produire des convulsions, etc., etc., et ce qui est fort remarquable, c'est que ce phénomène n'a pas exclusivement sa source dans l'organisation de l'ouïe, puique, selon Grimaldi, il a lieu, soit qu'on se bouche les oreilles, soit qu'on les tienne ouvertes. L'homme sensible à l'harmonie, au premier son d'un instrument, sent tressaillir ses membres, qui ne sont plus, pour ainsi dire, sous l'empire de sa volonté, et comme l'a marqué Willis (*De Morbis convulsivis*), il semble suivre les accents mesurés, soit de la tête ou des mains, soit par tous autres mouvements répondant à ceux de l'harmonie qui le frappe. Quelques personnes, aux sons de l'*harmonica*, ont des syncopes, des convulsions, bàillent et éprouvent le besoin d'étendre tous leurs membres comme après une violente fatigue. Un abbé jouait très-bien de la vielle et était passionné pour cet instrument ; un jour qu'il entendit le célèbre Rodrigue jouer de la guitare, le plaisir qu'il ressentit fut si vif, qu'il tomba comme suffoqué ; il ne pouvait sortir, il ne pouvait respirer, enfin on l'emporta ; il fut pendant trois jours dans le même état, assurant qu'il serait mort s'il fût resté plus longtemps sous l'influence des sons de cet instrument. Rousseau dit avoir connu une femme qui, à quelque musique que ce fût, était saisie d'un rire involontaire (*Dictionnaire de Musique*).

L'harmonie étend son pouvoir sur les peuples

les plus barbares. On sait que les Caraïbes furent toujours rebelles à toutes les tentatives qui ont été faites pour les assujettir aux usages de notre civilisation; il y a environ cent ans ils étaient encore excessivement nombreux dans l'île de Saint-Vincent, où ils vivaient entièrement séparés des Européens. Un jour que ceux-ci donnaient une fête sur le bord de la mer, la curiosité attira les Caraïbes autour d'eux. On avait chanté différents airs; on avait joué plusieurs morceaux sur le clavecin, et la physionomie féroce des insulaires n'avait paru éprouver aucune émotion. Sur ces entrefaites, un des spectateurs, fort bon claveciniste, qui arrivait de Paris, se mit à jouer sur cet instrument l'immortel morceau de Rameau, connu sous le nom d'*air des Sauvages*. A peine les premiers accents de cette musique mélodieuse, d'un caractère à la fois solennel et dramatique, qui renferme une harmonie imitative qui justifie son nom, eurent-ils frappé l'oreille des Caraïbes, qu'ils furent saisis d'un mouvement extraordinaire. Ils s'agitèrent, ils poussèrent des cris de joie les plus éclatants, et ils se mirent à danser, en suivant exactement la mesure et le mouvement de l'air. Cette anecdote est rapportée par M. Moreau de Saint-Mery.

Tous les peuples ont leurs chants particuliers, soit de paix, soit de guerre ou de triomphe : les Hurons, les Madecasses, les Caraïbes, les Moldaves, les Valaques, même les habitants

de la Sibérie, ces peuples dont la musique est en-
nuyeuse, monotone pour les oreilles d'un étranger, ne peuvent entendre le son d'un triangle,
d'un tambourin sans battre des pieds, frapper
des mains et montrer le plaisir qu'ils éprouvent
par des sauts.

Nous attachons communément à un air favori,
même lorsqu'il n'est pas accompagné de paroles,
certaines idées qui peuvent y être relatives, à
cause de quelques associations accidentelles, et
nous supposons quelquefois une ressemblance
presque toujours imaginaire entre certaines mélodies et certaines pensées ou certains objets;
cela tient à l'éducation. La musique alors est une
sorte de mnémonique, et elle agit par le souvenir
qu'elle rappelle et les images qu'elle retrace.
Pourquoi les *Ranz des vaches* affectent-ils plutôt
les Suisses, éloignés de leur pays, que les habitants des pays environnants qui se trouvent dans
la même situation ? C'est que les souvenirs du
lieu natal que ce chant retrace à leur mémoire
sont pour beaucoup dans les impressions qu'ils
éprouvent en écoutant cette musique. Cette mélodie rappelle aux Suisses les plaisirs de la patrie,
et à chacun d'eux une douce habitude, un atta-
chement, un bonheur. C'est pour cela qu'autrefois il était défendu, sous peine de mort, aux
soldats suisses de chanter à l'étranger cet air
national ; les souvenirs qu'il réveillait en eux
les excitait, dit-on, à la désertion.

L'harmonie agit sur l'homme d'une manière qui dérive de la nature même de la musique, et que l'on éprouve à l'occasion d'une sensation transmise à l'âme par le sens de l'ouïe. Ici, ce n'est plus une impression sur le toucher en général, c'est l'âme qui reçoit, par l'organe auditif, la série ordonnée des sons qui se joignent et se mêlent dans des rapports plus ou moins agréables. Dans l'audition d'une *mélodie*, il n'y a qu'une seule faculté mise en action ; pour suivre la succession des sons dans *l'harmonie*, il y en a deux, l'une qui suit la mélodie, et la seconde qui apprécie les rapports entre les divers sons entre eux. Dans ce cas, la musique agit sur nous comme un beau tableau dont on ignore le sujet, mais dont on peut néanmoins admirer les détails, le coloris, les dessins. Cette manière d'agir de la musique n'est pas étrangère au physique, et les effets moraux qu'elle opère passent l'empire immédiat des sens ; mais n'aurait-elle que le mérite d'arracher le malade à ses souffrances pour reporter son attention sur des idées riantes, qu'elle serait d'une immense utilité. Un ordre du jour du général Bonaparte en Égypte ordonnait à tous les corps de musique d'exécuter quotidiennement des morceaux sous les fenêtres des hôpitaux contenant les pestiférés ; et je ne doute pas que si pareille mesure avait été prise par l'édilité parisienne et par celles des villes où il y avait garnison pendant le choléra, beaucoup de victimes eussent échappé à ce terrible fléau. A Rome, on est dans l'usage de jouer de l'orgue pendant le repas des malades.

J'ai déjà dit que la Convention nationale admettait l'harmonie comme prélude de ses séances. Le peintre Théon, au dire d'*Ælianus*, voulant exposer un de ses tableaux représentant un guerrier prêt à fondre sur l'ennemi, rassemblait des musiciens, leur faisait jouer un air martial, et quand il croyait les spectateurs suffisamment émus et excités, il découvrait alors son tableau.

Si on ne peut nier, il est vrai, que la musique instrumentale puisse réveiller notre sensibilité et la diriger, c'est-à-dire préparer les affections de l'âme et les porter sur un objet plutôt que sur un autre, à la mélancolie plutôt qu'à la gaieté, au repos plutôt qu'au mouvement, etc., on est également obligé de reconnaître que la poésie est l'interprète immédiat et exact de la musique; sans le secours des paroles, le meilleur morceau de musique peut bien paraître signifier quelque chose, mais il est difficile de préciser ce qu'il signifie; il peut disposer notre cœur à la sensibilité, mais ce sont les paroles qui attachent cette sensibilité à un objet réel, en présentant à notre imagination des idées positives et touchantes. Une belle symphonie, bien exécutée, ressemble à un discours débité avec talent, mais dans une langue inconnue, et si elle nous affecte un peu, elle ne parvient jamais à fixer nos sentiments.

La musique ne doit souvent sa grande influence qu'à des circonstances externes. Quand une armée en bataille s'avance à la rencontre de l'ennemi, on n'a pas besoin de paroles pour augmenter l'effet de la musique militaire ; l'orgue dans une église sait également nous impressionner sans paroles : ici le recueillement, la majesté de l'édifice, le demi-jour qui y règne, sont autant de paroles muettes que l'orgue soutient de ses sons mélancoliques.

RHYTHME.

Le rhythme est la proportion qu'ont entre elles les parties du même ton et le rapport déterminé des successions des sons. Il y a le *rhythme intérieur*, qui tient à la mélodie, et le *rhythme extérieur*, qui affecte la mesure. Chaque espèce de rhythme se distingue par un mouvement propre qui est l'image fidèle de quelques-unes de nos affections, et le plaisir qu'il nous cause est celui de l'ordre et de l'imitation.

Le rhythme musical agit spécialement sur nos organes par l'entremise de l'ouïe. L'enfant qui souffre est endormi au chant bien rhythmé de sa nourrice. Le docteur *Fournier-Pescay* a cru remarquer que le mode *mineur* faisait plus d'effet sur ces petits êtres.

Le rhythme ou le nombre en musique est une source abondante de variété et d'uniformité.

Les notes réunies pour former une phrase de musique sont divisées en longues et en brèves, ainsi qu'en aiguës et en graves; c'est de la première distiction que se forme le rhythme, et c'est en musique la seule chose que le tambour puisse imiter avec autant de perfection que peut le faire le pied de l'homme dans les mouvements de danse; seulement, il arrive parfois que, les pieds ne pouvant se mouvoir aussi vivement que les baguettes du tambour, le danseur est obligé de diviser ses pas en intervalles plus longs que ceux dans lesquels nous supposons la musique partagée; de ne faire, par exemple, qu'un pas quand le tambour en frappe deux, ou d'en faire deux ou quatre quand l'instrument en marque quatre ou huit, etc., etc.

Tout morceau de musique est divisé en portions égales, lesquelles sont indiquées dans la musique écrite par des lignes verticales nommées *barres*, qui sont toutes égales, eu égard au temps, soit qu'elles contiennent plus ou moins de notes. Sous ce rapport, le rhythme est une source d'uniformité qui plaît en présentant des idées d'ordre et de science et surtout en facilitant l'intelligence d'une composition musicale, en excitant l'attention sur la suite d'un morceau : car si le mouvement d'une pièce était sans règle, si ce que l'on entend actuellement ne ressemblait en rien, même dans la mesure, à ce que l'on va entendre ou à ce que l'on a entendu, la composition musicale ne serait qu'un chaos où l'oreille s'égarerait infailliblement; il ne lui resterait aucune idée qui vînt lui rappeler ce qu'elle aurait entendu ou la disposer à ce qu'elle va entendre; elle serait toute surprise de ne trouver, entre le mouvement et la mesure, aucune des règles établies sur lesquelles elle devait compter.

Le rhythme semble avoir été le premier moyen dont on se soit servi dans l'enfance de l'art musical pour rendre agréable à l'oreille une succession de sons, qui, par elle-même, n'était qu'insignifiante. Ainsi, la marche battue par les tambours n'est pas désagréable, et le bruit de ces instruments serait insupportable sans le rhythme. La seule différence des coups rhythmiques rend plus facile le mouvement des pas et détermine leur degré de vitesse ou de lenteur ; c'est le rhythme qui dirige et soutient le soldat durant ses longues et pénibles marches. Est-il bien fatigué.... la colonne traîne-t-elle? le chef fait battre les tambours, le soldat reprend instantanément son allure régulière et se sent pour ainsi dire soulagé. On ne peut donc révoquer en doute la puissance du rhythme; tous les peuples demi-sauvages et demi-civilisés, voulant rendre leur musique primitive, composée de sons simples et de bruit, plus variée et plus agréable, n'ont pas apporté de modification à ces sons, ils ont seulement appelé le rhythme à leur aide, et leurs instruments à percussion devinrent, grâce au rhythme, moins fatigants et moins ennuyeux.

Les Grecs, à l'époque de leur plus haute civilisation, attribuaient au rhythme une grande puissance esthétique, et ils le considéraient comme la partie le plus sublime de la musique. Il est senti par tout le monde. L'ordre et la proportion plaisent toujours ; il n'est donc pas étonnant que l'esprit humain soit agréablement affecté par le rhythme de la musique.

On voit ordinairement la plus grande partie des ouvriers s'animer au travail par des chansons ; Chardin dit qu'en Perse, quand on veut faire des ouvrages expéditifs qui demandent une multitude de bras, le travail s'exécute au son des instruments, et qu'ainsi l'ouvrage se fait avec beaucoup plus de zèle et de promptitude.

Quand les Égyptiens voulaient transporter un de ces gigantesques monolithes dont les proportions seules nous étonnent et nous effrayent, ils le chargeaient sur un assemblage de chariots ; on y attachait des hommes, non par centaines, mais par milliers, et pour animer tous ces gens et leur donner la même impulsion, un homme montait sur le monolithe, il chantait en battant le rhythme avec ses mains ; c'est ainsi que l'on voit ce travail représenté sur leurs anciens bas-reliefs.

Le criminel dans son cachot, l'esclave sous le poids de ses pénibles travaux, cherchent un soulagement et le trouvent dans le chant. Dans les campagnes de l'Amérique, on voit encore la musique exercer son pouvoir excitant. A l'heure où tout l'atelier, réuni pour le travail, se livre au défrichement de quelques pièces de cannes, les esclaves s'alignent sur un rang, le commandeur en tête ; toutes les pioches partent à la fois et s'abattent en même temps avec un bruit régulier. Mais le ciel est bleu et limpide, un soleil de plomb fait ruisseler la sueur de chaque membre ; on s'aperçoit que, dans un instant, tous ces corps fatigués vont tomber dans le sillon qu'ils creusent ; aussitôt une négresse sort des rangs, et, frappant la mesure de ses mains, elle entonne d'une voix sonore un couplet dont le refrain est répété en chœur ; à ce couplet en succède un autre, et, de refrain en refrain, le temps s'écoule, le travail ne discontinue pas et le soleil décline.

La musique appelle enfin les soldats aux combats. Quintilien attribue en partie la réputation de la milice romaine à l'effet que produisait sur les légionnaires le son rhythmé et guerrier des cors et des trompettes. Quels prodiges de valeur n'a pas excités *la Marseillaise !* Demandez aux zouaves, aux tirailleurs algériens ce qu'ils éprouvaient en entendant cette fanfare si connue depuis en Afrique sous le nom de *la Casquette au père Bugeaud !*

Nous avons cité assez de faits particuliers pour

prouver la puissance du rhythme, je me conten-
terai d'ajouter qu'à l'aide de ce puissant agent
musical les plus grandes marches sont exécutées,
les plus grands poids sont soulevés. C'était aux
coups rhythmiques du sistre que les prêtres égyptiens s'inspiraient. Le bruit cadencé du tambourin présidait aux diverses fêtes païennes de Sa-
turne et de Bacchus. A bord des vaisseaux, les
matelots parviennent à soulever l'ancre la plus
lourde, à dresser le mât le plus épais, en régula-
risant leurs mouvements par un chant bien
rhythmé. Les manœuvres de force faites par les
troupes de l'artillerie ne sont exécutées qu'au
bruit rhythmique du tambour.

Grétry, qui avait une poitrine délicate et qui
se sentait fatigué dès qu'à la promenade il
accélérait le pas, avait coutume, quand son
compagnon marchait trop vite, de lui chanter un
air plus lent, et il parvenait ainsi, sans lui rien
dire, à ralentir son mouvement. Les exercices de
la gymnastique sont presque toujours exécutés aux
sons cadencés des instruments, et les danses les
plus périlleuses sur la corde ne sauraient avoir
de sûreté, pour ceux qui les exécutent, sans l'in-
tervention d'une musique bien rhythmée.

Les cris des rues ne seraient pas supportables
s'ils n'étaient rhythmés. Avez-vous quelquefois
fait attention au cri des anciennes laitières de
Paris? vous aurez remarqué, sans doute, qu'elles
donnaient sans effort le *contre la*, cette note

si haute, si aiguë, à laquelle un très-petit nombre de femmes artistes peuvent atteindre.

Il n'y a que le rhythme qui puisse faire supporter la monotonie du chant du porteur d'eau dépourvu de toute mélodie. Les marchands d'habits poussent des cris non rhythmés, et comme ils y emploient toute la force de leur voix, afin d'être entendus des derniers étages des maisons, ils déchirent notre tympan, et eux-mêmes usent promptement leur gosier à cet exercice sauvage.

Un enfant ayant des convulsions ne pouvait dormir ni le jour ni la nuit; tous les moyens employés par sa mère étaient insuffisants ; le père, M. Bourdois de Lamothe seul, parvenait à calmer le petit malade en jouant sur la flûte une mélodie douce et d'un rhythme très-lent. Quelquefois il substituait la voix à l'instrument toujours avec succès, mais lui seul put parvenir à ce résultat; ce fut inutilement que d'autres personnes essayèrent de calmer l'enfant par les mêmes moyens. Ce docteur remarqua que le mode mineur était celui qui faisait le plus d'effet, aussi l'adaptait-il à tous les airs qu'il chantait à son fils.

En général, le mouvement rhythmé régularise les mouvements des membres et en diminue la fatigue.

Dans tous les airs consacrés au travail commun, le rhythme est fortement prononcé et le mouvement musical qui règle celui des bras est toujours précis. Un pasteur protestant genevois, se trouvant scandalisé d'entendre des forgerons, ses voisins, battre l'enclume au son d'une chanson tant soit peu grivoise, fut trouver le maître de la forge, et l'engagea, au nom de son salut, à substituer à cette mélodie, par trop mondaine, un psaume de l'Écriture ; celui-ci, voulant être agréable à son pasteur, commença sur-le-champ cette réforme ; mais il fut obligé, bientôt après, de reprendre son premier chant, car l'ouvrage n'allait plus ; les marteaux ne tombaient plus régulièrement, leur mouvement était trop lent, les bras se fatiguaient doublement, et le fer était froid avant d'avoir acquis la *façon* désirée.

Le cheval ressent fortement l'impression du rhythme ; allez au Cirque des Champs-Élysées, et faites attention aux chevaux montés par un ou une des écuyères ; voyez comme ces animaux changent d'allures aux changements du rhythme, malgré même la volonté de la personne qui les monte.

J'ai déjà dit son pouvoir sur les masses ; aussi je crois inutile de prolonger les citations, et je rapporterai seulement une petite anecdote.

Les moines de l'Inquisition avaient, dit-on, accusé d'impiété des danseurs et des danseuses qui amusaient le public d'une petite ville d'Espagne par une danse appelée *la Cachucha*. Ces malheureux, arrêtés et conduits devant le Saint-Office pour y être jugés, se défendirent comme ils purent, et, pour dernier argument, ils supplièrent le tribunal de leur laisser exécuter devant eux cette danse qu'ils soutenaient être une chose fort naturelle et fort innocente. La demande accueillie, deux guitares se mirent à préluder, et les danseurs commencèrent le bal; ils s'y livrèrent avec une vive ardeur; les musiciens redoublèrent de zèle; le sentiment qu'éprouvaient les exécutants fut insensiblement partagé par les révérends pères; on les vit s'agiter; peu à peu ils furent enlevés de leurs siéges par le pouvoir électrique du rhythme, et les voilà dansant avec les accusés. Inutile d'ajouter qu'ils furent mis en liberté.

Il faut, avant toute chose, que la musique soit en rapport avec l'organisation de la machine humaine et soumise à une certaine disposition et à un certain mouvement déterminé des fibres de l'oreille; l'usage de la musique ainsi que le genre de l'instrument doit être proportionné à la sensibilité particulière de l'individu, car l'on a souvent vu le piano augmenter, dans certains cas, des affections nerveuses, qui cessaient promptement aux accents de la musique vocale. Nous dirons aussi que la musique agit sur nous, et qu'elle y produit le plaisir, lorsque, sans l'acquiescement de la volonté, notre corps s'y livre, et qu'entraîné comme par la force de la musique, il l'accompagne des pieds, des mains et du corps, même sans y faire attention.

Il y a des personnes mal organisées qui, ne sachant distinguer ni le ton ni la mesure, n'entendent que le son fondamental d'un air : la musique
n'est alors pour eux qu'un bruit confus, ennuyeux
et incommode. Il y en a d'autres qui, soit naturellement, soit par défaut d'habitude et de connaissance, sont dans le cas de ceux dont on dit
communément qu'ils ont l'oreille dure, peu sensible à ces passages délicats dont la mesure est
comme enveloppée, et auxquels il faut être bien
accoutumé pour la deviner et la sentir ; ceux-ci
ne sont frappés que par des mesures bien marqu-
quées et des mélodies extrêmement claires. D'autres ne trouveront de plaisir que dans des airs gais,
animés, et dont la mesure soit à deux ou trois
temps ; celle à cinq ne leur procurerait aucune
satisfaction ; ils seront plus sensibles aux tons
aigus qu'aux tons graves. Les consonnances
des tons aigus leur paraîtront plus agréables,
parce que la coïncidence des vibrations étant plus
fréquentes, l'excitabilité en est plus souvent frap-
pée et les met à portée d'en juger avec plus de
facilité.

Dans l'emploi de la musique celle-ci doit être
proportionnée au goût et au degré de connaissance
que le malade en a ; car un grand musicien ne
sera pas affecté agréablement par un pont-neuf,
il lui sera, au contraire, très-désagréable.

Mais faut-il être musicien pour éprouver des
bons effets de la musique ? Non. Car que l'on soit

musicien ou non, ignorant toute ou partie de cet art, la musique produira toujours un certain effet; mais le caractère des airs qui doivent opérer doit être différent comme les tempéraments.

Le goût particulier pour un genre de musique plutôt que pour un autre, la préférence accordée à un espèce d'instrument, fruit du préjugé ou de l'habitude, ou qui provient d'une disposition particulière, aide beaucoup à l'action de la musique. C'est pour cette raison qu'un gentilhomme gascon, au rapport de Bayle, ne pouvait retenir certain besoin au son de la musette; aucun autre instrument ne produisait chez lui le même effet.

L'effet de la musique sur les passions ne le cède en rien à la propriété de faire naître le plaisir. Les musiciens modernes distinguent deux espèces de tons, les uns majeurs, les autres mineurs. Les différentes propriétés de ces tons ont été observées particulièrement par Kircher, qui, après des observations et des expériences frappantes, a prouvé que chacun d'eux est capable d'exciter en nous des passions particulières; ainsi, le premier des majeurs est propre, selon lui, à inspirer la vénération et l'amour envers les dieux. Le second convient mieux à la tendresse et à la pitié; lorsqu'il est plus animé il excite la joie. Le troisième et le quatrième portent à la compassion et font verser des larmes. La grandeur d'âme et les actions héroïques sont produites par le cinquième, comme le sixième excite le courage et la férocité guerrière.

De tout ce qui vient d'être dit on doit conclure que, lorsqu'on veut appliquer la musique à la médecine, le compositeur doit choisir les tons les plus propres à produire les passions qui conviennent le mieux au caractère de la maladie et à l'état du malade. Il serait convenable de joindre le chant au son des instruments pour rendre l'illusion absolument complète; souvent par ce moyen on verra se calmer la fureur d'un frénétique, se dissiper la mélancolie ou l'hypocondrie en fixant l'imagination du malade sur des objets agréables et la détournant de cette attention continuelle, qui, en augmentant la sensibilité des nerfs, rend les douleurs plus fortes et plus insupportables. On peut aussi diminuer et même dissiper tout à fait la colère et en prévenir les funestes conséquences, et l'on parviendra toujours à éloigner les craintes, qui souvent accélèrent les maladies, les préparent et les produisent.

Lorsqu'on voudra employer la musique dans les maladies, il faudra avoir égard : 1° à leur nature ; — 2° au goût du malade pour un ton plutôt que pour un autre; — 3° à l'effet que peuvent produire sur lui certains tons de préférence à d'autres; — 4° à l'éviter dans les maux de tête, d'oreille, auprès des femmes en couches, comme dans tous les cas où il y a excès d'excitabilité inhérente dans tout le système; — 5° le médecin aura soin de modérer les sons dont l'action pourrait heurter trop fortement, et de les augmenter peu à peu dans le cas où les malades auront besoin d'être ranimés et fortifiés. C'est ici qu'il ne faut pas oublier les préceptes de Brown, qui dit que « pour augmenter l'excitement, le stimulant doit être proportionné à l'état d'excitabilité. » Il n'y a que par l'usage prudent et gradué que les malades en ressentent l'influence salutaire au delà de toute atteinte; — 6° enfin le médecin portera une attention particulière à ce que le son aille en augmentant graduellement, à ce qu'il soit varié et aussi à ce qu'il ne soit pas trop longtemps prolongé. Nous savons, par expérience, que la sensation la plus agréable cesse peu à peu de l'être par sa grande durée, quoique l'objet en reçoive toujours avec une force égale l'impression répétée. Il semble, dans ce cas, que la force des extrémités nerveuses, fatiguée de cette impression reçue, aille graduellement en s'épuisant et devienne insuffisante pour transmettre les fréquents changements qu'elles éprouvent ; ou peut-être le réservoir commun des sensations, accoutumé à de pareilles secousses, les confond facilement avec d'autres d'une vivacité égale ou même encore moindre.

Le grand nombre des maladies guéries par la musique doit la faire regarder comme une partie de la matière médicale.

Les effets de la musique sur notre économie

étant connus, il reste maintenant à indiquer les cas où on peut l'employer comme moyen thérapeutique. Nous avons dit plus haut que c'était dans les affections morales surtout qu'il convenait de l'appliquer, et qu'elle était pour elles un baume consolateur ; mais il n'est pas indifférent de consulter les passions et les habitudes de la personne qui la réclame, de connaître son caractère et son tempérament ; c'est au médecin qu'il appartient d'en régler l'usage, et de savoir approprier à tel caractère ou tel tempérament tel ou tel genre d'harmonie. Il ne faut pas croire ici qu'il faille toujours suivre ce principe : *Contrariis, contraria.* Un mélancolique, par exemple, serait affecté très-désagréablement de n'entendre que des airs gais, et dont le rhythme ne serait plus en harmonie avec ses habitudes et ses goûts ; c'est souvent par les airs lents et qui portent à l'âme un sentiment de douceur qu'il faut chercher à les consoler : si cette mélancolie se change en nostalgie, si elle est produite par cet amour excessif de la patrie qui rend insupportable l'exil ou l'absence, faites entendre le chant du village ou le chant national.

Dans les grandes adversités, rien ne touche et ne console, on peut le dire, comme la musique triste et plaintive. (*Œdipe à Colone, la Vestale* et autres beaux ouvrages dramatiques de ce genre ont produit, dans des cas semblables, des effets surprenants.

On observe, en général, que les effets de la musique dans les maladies sont en raison directe du goût que les malades ont pour elle, et du talent plus ou moins grand qu'ils possèdent pour certains instruments : ainsi, toutes choses égales d'ailleurs, si la musique doit amener de l'amélioration dans une maladie, les musiciens en ressentiront plutôt l'heureuse influence que les autres; leur système nerveux et leur imagination seront modifiés d'une manière toute particulière, habitués qu'ils sont à vivre au sein de l'harmonie.

Dodart rapporte l'exemple d'un musicien dangereusement malade, à qui un concert donné dans sa chambre rendit la santé. Nous en connaissons un qui a de violentes douleurs de tête toutes les fois qu'il passe plusieurs heures sans entendre ou sans faire de la musique.

Mais rien ne confirme cette vérité comme l'observation suivante.

Un père avait un fils qu'il aimait tendrement et que la mort vint lui enlever à la fleur de l'âge. Accablé par ce coup terrible et ne pouvant donner un libre cours à ses larmes, il fut pris tout à coup d'une douleur épigastrique et affecté d'un ictère général. Il avait autrefois cultivé la musique, qu'il avait abandonnée; le hasard lui fait apercevoir dans son cabinet l'admirable *Oratorio* de Paisiello (intitulé *la Passion*); il essaye ce morceau, qui est d'une expression touchante; il le chante avec âme, sa position l'y engageait; il se

sent ému, ses larmes coulent abondamment ; il le
chante un grand nombre de fois, son cœur se dé-
gonfle, il est soulagé, et son ictère diminue sensi-
blement le jour même. Bientôt il ne lui resta de
sa maladie que celle que le temps seul peut faire
disparaître, le chagrin.

Le docteur Chervin, chirurgien-major d'artillerie, rapporte avoir retiré d'assez bons effets de la
musique dans un tétanos traumatique. Le beau
présent fait à l'humanité qu'un remède semblable, s'il était toujours efficace !

Elle a été souvent employée dans un grand
nombre de maladies nerveuses, dans l'épilepsie,
la catalepsie ; c'est dans la folie qu'elle a de
très-réels avantages. Mais l'application de la musique chez les fous n'a pas toujours été accompagnée d'effets aussi heureux ; il en est chez qui
elle produit des résultats tout différents, d'autres
qui entrent dans une fureur difficile à apaiser.
Fournier-Pescay prétend que ces phénomènes
dépendent moins des propriétés absolues de la
musique que du temps intempestif où l'on en
fait usage.

L'emploi de la musique est également efficace quelquefois comme remède contre les passions diverses qui assiégent notre âme, quand
l'ennui, le chagrin, la colère, viennent nous
visiter tour à tour. Les affections morales sont
même les seules où l'on puisse raisonnablement
expliquer tous ses phénomènes et calculer ensuite,

d'une manière presque assurée, non-seulement les cas qui demandent son emploi, mais ceux encore qui réclament telle ou telle nuance dans son harmonie. Dès les temps les plus anciens on avait reconnu à la musique la propriété d'être l'amie du cœur et d'en fermer les plaies.

On dira en vain qu'il est beaucoup d'occasions où la musique n'a point guéri les maladies et n'a fait que procurer du soulagement et que dans d'autres elle n'a eu absolument aucun succès. Il existe des cas, nous l'avons dit, où la musique et le chant doivent être regardés comme nuisibles et sont naturellement contre-indiqués. Toutes les fois qu'il y a une forte excitation du système nerveux, que le sujet a l'imagination ardente, les passions vives et développées, ne serait-il pas imprudent de mettre en communication avec elles un agent aussi énergique et aussi puissant? Mais quel est le remède d'une efficacité si absolue, qui ait réussi dans toutes les circonstances? Personne n'ignore que beaucoup de remèdes, regardés comme de véritables spécifiques pour certains maux, ne produisent pas constamment l'effet qu'on désire. Si nous ne devons regarder comme remèdes que ceux qui produisent la guérison complète, il n'y en a pas un seul qui mérite ce titre.

Tels sont, en général, les effets que produit la musique sur notre économie; nous devons cependant dire ici qu'ils varient suivant une foule de circonstances. Ainsi, l'on a remarqué, par exemple, que les personnes qui aimaient passionnément les accords de tel instrument préférablement à tout autre, étaient influencées d'une manière toute particulière quand elles les entendaient résonner agréablement.

Il resterait maintenant à démontrer quelle est la musique dont le rhythme et l'harmonie influent le plus sur nos passions. Nous serions obligé pour cela de l'examiner successivement chez les différents peuples, mais ces recherches devant nous entraîner trop loin de notre plan, nous dirons seulement que, malgré les déclamations de certains musiciens de *l'Avenir*, la mélodie doit, à cet égard, tenir le premier rang. Quelles sont les lyres qui parlent le mieux à l'âme que celles d'Auber, Rossini, de Verdi ?

L'expérience de tous les temps a prouvé que la musique avait constamment une analogie remarquable avec le climat, le langage, les mœurs, le caractère et les habitudes d'une nation : c'est ainsi qu'on s'accorde à regarder l'Italie comme la terre classique de la mélodie. Cette espèce de supériorité que ce pays peut avoir sur quelques autres dépend de la douceur de son langage, de la beauté de son climat, qui impriment aux organes de la voix cette flexibilité, cette justesse, qu'on ne retrouve que dans les autres contrées partagées de la nature comme elle. Le midi de la France, favorisé, comme l'Italie, par un beau climat et un beau ciel, se trouve jouir à peu près des mêmes avantages. Dans ces pays, où les passions plus précoces sont en même temps plus vives, la musique porte d'une manière particulière à cette sensualité presque inconnue aux gens du Nord ; leurs habitants plus impressionnables sont infiniment plus sensibles à l'harmonie.

Cet ouvrage était terminé quand parut en Allemagne une brochure sur le même sujet. Je crois bon d'insérer comme complément de ma thèse l'intéressante analyse qu'a faite notre spirituel et aimable confrère M. Neukomm du travail du Docteur viennois dans le journal *l'Art Musical* :

« Il vient de paraître à Vienne une brochure portant la signature du docteur H. S. K. La musique y est, en effet, considérée sous un jour tout particulier ; non plus comme un art tout de poésie qui parle à l'imagination, ainsi que nous l'envisageons d'ordinaire, mais bien comme un remède à beaucoup de maladies, comme une panacée aux affections qui prennent leur siége dans le système nerveux. La thèse est curieuse, comme on voit. Plusieurs médecins ont, à diverses reprises, vanté les propriétés thérapeutiques de la musique ; mais une étude spéciale de ce système généralisé n'avait pas encore, que nous sachions, été présentée au public. Le docteur H. S. K. a comblé cette lacune. Nous nous en emparons, comme c'est notre devoir.

» Avant de traiter de l'influence de la musique sur les malades, il était utile de constater ses effets sur les gens bien portants. C'est aussi ce qu'a fait le docteur H. S. K. Et ce que nous remarquons avec surprise dans cette première partie de son travail, c'est que le principe de Hahnemann : *similia similibus*, y éclate dans toute son acception. On sait, en effet, que l'homéopathie se propose de guérir le mal par le principe qui engendre le mal. Or, il ressort de la brochure qui nous occupe, que la musique, qui énerve les gens bien portants, calme les sens des malades. C'est ainsi que son auteur note la production de crampes, d'oppressions chez un grand nombre de personnes à l'audition de la musique, et aussi de maux de tête, de vertiges, d'évanouissements. Il cite une femme à laquelle les sons de l'orgue faisaient perdre connaissance et qui tombait ensuite en extase ; le même instrument produisait des effets analogues sur un jeune Italien qui avait le ver solitaire ; à ce sujet encore, il invoque le

témoignage de Rousseau relativement à un prêtre
que l'orgue impressionnait à un tel degré, qu'il
était parfois obligé de quitter l'autel ; par contre,
une ouaille de ce sensible pasteur était, dans les
mêmes circonstances, prise d'un rire nerveux
qui nécessita plus d'une fois son exclusion de
l'église.

» Passant ensuite à l'influence de la musique
sur le système vasculaire, si intimement lié au
système nerveux, le docteur viennois fait remarquer que les différents modes musicaux retardent
ou précipitent la circulation du sang, ainsi que la
respiration. Si la musique est vive et gaie, l'œil
brille, la figure se colore davantage, le pouls s'ac-
célère, la température du corps s'accroît, le cœur
bat, *la digestion s'opère avec plus de rapidité ;*
c'est ce qui explique l'usage chez les anciens de
festoyer aux sons des instruments. — Par contre,
si la musique est sombre et lente, on voit l'œil se
voiler, le visage pâlir, la moiteur de la peau diminuer ; le sang reflue vers le cœur, le pouls bat
plus faiblement, la respiration est plus rare et
plus longue.

» Aux systèmes nerveux et vasculaires se rat-
tache le système musculaire, qui se nourrit d'eux.
La musique exerce donc également une influence
sur lui. Les exemples ne nous manqueront pas.
Est-il besoin, en effet, de rappeler que la musique fait supporter au soldat les plus grandes fa-
tigues et qu'elle double ses forces au moment de

l'action? Ne voit-on pas danser pendant des nuits entières des gens qui, sans musique, ne supporteraient pas cet exercice pendant une heure? L'ouvrier n'a-t-il pas plus de cœur à la besogne quand il l'accompagne d'une chanson? L'histoire nous fournira également son contingent de preuves à l'appui du fait avancé. Nous voyons, par exemple, Démétrius Poliorcète, au siége d'Argos, faire venir ses deux trompettes pour donner de la force à ses soldats qui ne pouvaient soulever une lourde machine de guerre, et le fils de Ptolémée, septième roi d'Égypte, Alexandre, qui ne pouvait se remuer sans être soutenu par deux esclaves, se lever, au son de la musique, après table, et danser avec grâce et souplesse.

» Pour en finir avec l'influence de la musique sur les gens bien portants, nous passons aux effets qu'elle produit sur l'organisme en général. Aristote, ce maître toujours invoqué par les médecins, recommande la musique et le chant comme un moyen puissant pour l'éducation des jeunes gens; il reconnaît à la musique la propriété d'éveiller dans le cœur de l'homme l'amour, la haine, le courage, la crainte, la pitié, le sentiment religieux, en un mot toutes les vertus et tous les vices; Cicéron, et avant lui Platon, ont écrit que la musique repose l'homme fatigué et qu'elle fatigue l'homme reposé; enfin Théodore Gresemmund s'exprime comme il suit dans ses dialogues sur la musique : « La musique, dit-il, ne cause pas une telle joie qu'elle puisse nuire; au contraire, elle dissipe la mélancolie ; bien plus, elle peut tempérer une joie désordonnée, car il existe des mélodies élégiaques qui calment les élans trop vifs du plaisir et de la jouissance; c'est par la musique que l'on peut tenir le mieux en bride nos passions; aussi n'est-il pas un remède qui ait plus d'influence sur notre organisme que la musique, dont l'action va même jusqu'à pouvoir prévenir la folie. » — A l'appui de cette assertion, l'auteur de la brochure cite Orphée, qu'on faisait venir près des rois pour transformer leur colère en mansuétude, leur tristesse en gaieté, leur pusillanimité en courage, leur avarice en prodigalité; — Terpandre, calmant par les sons de sa lyre le peuple en fureur; — Phénicus, triomphant d'Ulysse, grâce à la musique ; — Amurat IV, encore couvert du sang de son frère qu'il venait d'assassiner, éclatant en sanglots aux accords d'une harpe; — Pythagore, faisant appeler un joueur de cythare pour calmer un jaloux qui voulait mettre le feu à la maison de sa maîtresse. — Par contre, Érik, roi de Danemark, se laissa un jour si fort émouvoir par la musique, qu'il perça de sa lance un certain nombre des auditeurs.

» Les effets de la musique sur l'organisme sont donc bien divers. Elle rend bons les méchants et méchants les bons. Elle rend fous les sages et sages les fous. Elle guérit ou elle frappe.

Elle vous sauve ou elle vous perd. — Mais l'organisme varie, et par suite aussi l'influence de la musique sur lui. Cette influence ne s'exerce pas en effet de la même façon sur le vieillard que sur l'adulte, sur l'homme que sur la femme, sur l'homme sanguin que sur l'homme nerveux.

» L'enfant est fortement impressionné par la musique; l'adulte encore plus, car à l'âge critique, l'esprit se laisse facilement entraîner à la mélancolie ou exalter jusqu'à l'enthousiasme. A l'âge viril, la musique agit avec moins de puissance, car c'est l'époque où l'organisme ayant atteint son plus haut degré de développement, les sens se sont endurcis. Enfin, c'est durant la vieillesse que l'action de la musique se perd complétement; le sens de l'ouïe s'est affaibli; la sensibilité s'est émoussée. — Pour ce qui concerne les sexes, il est notoire, et c'est une leçon de l'expérience, que les femmes qui se montrent si impressionnables, et dont le système nerveux est si délicat, sont bien plus sensibles à la musique que les hommes. Enfin, et c'est là un point qui expliquera d'un mot les divergences d'opinions en matière de musique : le *sanguin*, facile à contenter, aime la musique gaie, naturelle, facile (le *sanguin* fait, comme on voit, le meilleur dilletante), tandis qu'au *mélancolique*, évitant toute joie, absorbé qu'il est par ses idées noires, il faut de la musique grave, sévère, solennelle pour l'homme à passions, il faut de la musique avant tout bruyante.

» Quant au *phlegmatique*, il n'aime aucune musique. Un auteur allemand du siècle dernier a dit avec justesse que les gens calmes et les savants ne faisaient jamais de bons musiciens ni de bons poëtes.

» Mais là ne s'arrêtent pas les observations du docteur H. S. K. Après avoir parlé de l'influence de la musique en général, il s'attaque, en physiologiste amoureux de son art et de notre art, aux effets différents que produisent les divers instruments. De tous les instruments, dit-il, la voix humaine est le plus parfait, et c'est elle aussi qui parle le plus à notre nature; puis viennent les instruments à vent, qui s'en rapprochent le plus; la clarinette et la flûte tempèrent doucement la gaieté de nos pensées; la trompette réveille les sens abattus; le trombone fait naître des sensations douloureuses. Quant à l'orgue, nous avons vu que ses effets sont des plus énergiques, puisqu'il peut produire des syncopes, des crampes et d'autres accidents nerveux. — Après les instruments à vent, les instruments à cordes, au premier rang desquels on devra mettre le piano, de par sa puissance fascinatrice; le violon, la harpe, la guitare font naître de douces sensations, voire même de l'amour, des pleurs et des soupirs. Il n'est pas jusqu'aux instruments à percussion qui ne contribuent à émouvoir; en effet, le tambour donne de l'ardeur et le son des cloches éveille en nous des idées de piété, le plus souvent de tristesse.

» Et le mode, le rhythme, le mouvement,... le docteur H. S. K. nous prouvera que ce sont également autant de causes agissant sur notre organisme : le mode majeur, dit-il, engendre la gaieté, le mode mineur la tristesse ; le rhythme éveille, lui aussi, des idées joyeuses ou sombres; l'*andante* convient au phlegmatique, le *largo* au mélancolique, le *rondo scherzando* au sanguin, l'*allegro agitato* à l'homme colère.

» Là s'arrêtent les observations du docteur dilettante. Elles forment la préface de son mémoire médical, et c'est maintenant seulement qu'il va endosser sa robe académique et soutenir sa thèse, dans laquelle nous allons le suivre.

» La puissance thérapeutique de la musique était déjà connue des anciens, mais ce n'est qu'au dix-huitième siècle que nous la voyons appliquer, d'abord par Mesmer, puis par Stoll, Bourdelot, P. Frank, Quarin, Reil, Gœrgen, Esquirol et d'autres encore, pour combattre les douleurs arthritiques, les crampes, la danse de Saint-Guy, l'épilepsie, l'hydrophobie, la chlorose, le tarentisme, le somnambulisme, l'extase, l'hypocondrie, l'hystérie, la mélancolie, le délire, etc. Dans les derniers temps, de nouveaux essais plus sérieux ont été faits, qui permettent de constater mieux l'action de la musique sur les malades et d'en régler la médicamentation. Nous empruntons au Dr H. S. K. la classification et les observations qui suivent.

» *Maladies adynamiques*. — Une jeune fille de Heidelberg, atteinte d'une fièvre typhoïde, en fut guérie de la manière suivante. Le Dr May, qui la soignait, prescrivit à sa mère de lui jouer, pendant son sommeil, un de ses morceaux favoris. A peine la mère eut-elle suivi le conseil du médecin, que les traits de la malade prirent une expression plus sereine. Le docteur fit renouveler l'expérience, qui eut pour résultat de faire reprendre connaissance à la jeune malade. — Le même médecin raconte qu'un jeune homme atteint d'une fièvre nerveuse, et se trouvant à l'agonie le septième jour de la maladie, s'écria soudain qu'il était prêt à mourir, mais qu'il voulait entendre encore une fois l'hymne de Klopstock, *la Résurrection*. La sœur du moribond obtempéra au désir de son frère ; elle chanta d'une voix tremblante, et quand elle eut terminé, on s'aperçut que le malade dormait tranquillement. Il s'éveilla au bout de peu de temps et se sentit fortifié ; telle avait été la puissance de la musique, qu'elle avait prévenu la crise menaçante.

» Le professeur Erdmann, de Wittenberg, constate les mêmes effets de la musique dans une maladie analogue. Une jeune fille qu'il soignait fut calmée dans son délire et réveillée de son funeste sommeil par la musique; la guérison couronna ce traitement.

» *Dureté d'oreille. Surdité.* — Asclépiade guérissait la dureté d'oreille en faisant battre le tambour à l'oreille du sujet; les vibrations des nerfs faisaient cesser l'affection. Willisius fait mention d'une femme qui, bien que tout à fait sourde, entendait chaque syllabe quand on battait le tambour pendant la conversation. Albrecht donne de ce phénomène l'explication suivante : Dans les cas de surdité, le tympan est très-relâché; sans doute il se tend sous l'action de la voix humaine, mais pas assez pour que ses vibrations se communiquent au reste de l'appareil auditif, de sorte que le sujet ne perçoit pas le son produit par la voix humaine. Que si maintenant le tympan se tend davautage sous l'influence du tambour, l'oreille devient apte à recevoir les vibrations produites par la voix humaine.

» *Affections rhumatismales et arthritiques.* — On sait par expérience que les douleurs les plus aiguës peuvent être calmées par une musique douce. La Bible nous apprend que David oubliait, aux sons de la harpe, les douleurs qui le tenaient la nuit. Sauvage a rapporté dans un de ses ouvrages que le tambour calmait les fièvres intermittentes et les maux de tête symptomatiques.

» *Insomnie.* — L'insomnie peut être combattue par une musique douce; c'est la raison pour laquelle les mères et les nourrices chantent pour endormir leurs nourrissons. Testerdyk prétend que l'insomnie, dans les cas de fièvre, peut être détruite par la musique.

» *Danse de Saint-Guy.* — Bodinus rapporte, dans son ouvrage *De Republica*, qu'il excitait à danser par la musique les gens atteints de cette infirmité, jusqu'à ce qu'ils tombassent épuisés ; ils étaient alors guéris. Berndt recommande également dans cette maladie le traitement par la musique (*De Chorea sancti Viti. Prague*, 1810).

» *Épilepsie.* — Quarin raconte, dans un livre publié à Vienne en 1814, qu'il connaissait une adorable jeune fille qui était sujette à des attaques d'épilepsie. Un jour qu'une attaque paraissait imminente, elle entendit par hasard de la musique (elle l'aimait beaucoup), et la crise n'eut pas lieu. Voyant cela, on eut soin de lui faire de la musique toutes les fois que les symptômes d'une attaque se présentaient. Elle fut complétement guérie de son terrible mal. — Brückmann rapporte également qu'une jeune fille de treize ans fut guérie par les sons du piano de crampes qui ressemblaient à l'épilepsie.

» *Hypocondrie* et *hystérie.* — Si le sujet s'occupe lui-même de musique, il lui reste moins de temps pour donner cours à son imagination maladive. Jahr avait guéri un homme abandonné des médecins, en lui jouant du piano, ce qui éveillait fort son esprit. Pommé obtenait des résultats excellents par le violon, sur une femme snjette à des attaques d'hystérie et de catalepsie. Enfin, Bourdelot avait délivré, grâce à l'emploi d'une musique peu bruyante, une jeune dame de sa nymphomanie.

Maladies de l'esprit. — Reil, dans son *Traité des fièvres*, dit avec raison : « La musique, dans les maladies nerveuses, est souvent, et dans les dérangements intellectuels qui sont liés à l'hypocondrie, presque toujours salutaire. Dans les cas de catalepsie ou de délire, elle peut arracher le malade à ce jeu dangereux, toucher son âme, ou du moins lui ménager un ancrage dans son évasion. La musique est encore un excellent remède pour les amoureux en convalescence; elle les occupe, les distrait et les régénère. » — Esquirol et Pinel rangent la musique parmi les remèdes les plus actifs dans les maladies de l'esprit. — Herder avait guéri par des chansons une jeune fille devenue folle à la suite d'une fièvre angio-ténique. — Bourdelot, soignant une jeune fille que des chagrins d'amour avaient rendue folle, fit cacher des musiciens dans une salle voisine de celle où elle se tenait; ces musiciens se faisaient entendre plusieurs fois par jour. La folie céda devant leurs symphonies. — Esquirol raconte que plusieurs musiciens devenus fous furent rendus à la raison en entendant à l'improviste de la musique. — Perfect calma un fou furieux par les sons de la cythare. — Enfin, on sait que dans toutes les maisons d'aliénés on fait apprendre la musique aux aliénés, et que les résultats obtenus sont des plus satisfaisants.

On comprend que nous avons dû, pour plusieurs raisons, résumer les observations du docteur viennois. Elles sont, en effet, pour la plupart, du domaine exclusif de la médecine ; en outre, les limites qu'un article de journal ne doit pas franchir ne nous permettaient pas de traduire dans son entier l'intéressante brochure du D' H. S. K... Nous ne pouvons cependant nous empêcher de terminer en reproduisant mot pour mot le chapitre relatif à l'application médicale de la musique. Le D' H. S. K... pose les règles générales suivantes :

« 1° Plus la musique est simple et plus elle exprime le langage naturel de l'esprit, plus elle a d'action, surtout chez les gens peu cultivés.

» 2° Chaque pays ayant ses mélodies nationales qui le caractérisent, la musique a d'autant plus d'action sur l'esprit malade qu'elle se rapproche des mélodies nationales.

» 3° La musique doit être en rapport avec le degré d'impressionnabilité du sujet.

» 4° Pour que la musique impressionne fructueusement l'esprit, il est important que l'action se fasse sentir lentement ; que, par exemple, pour guérir un mélancolique, on commence par lui faire entendre un adagio, puis un andante, et alors seulement un joyeux allegro ; au contraire, pour calmer un colérique, il importe de commencer le traitement par une musique bruyante et de terminer par des sons touchants et doux.

» 5° Dans l'emploi médical de la musique, on devra choisir avec soin les instruments dont on se servira, de telle sorte qu'ils soient proportionnés le mieux possible à la sensibilité et aux habitudes du malade; par exemple, un mélancolique deviendra plus misanthrope encore si on lui donne du trombone ou du tambour, tandis que les sons de la flûte ou de la harpe le feront sortir de sa torpeur morbide. Il est donc essentiel que le médecin connaisse à fond différents instruments et même le caractère des divers genres de composition, afin de les employer convenablement.

» 6° Il est à remarquer que la musique a une action plus grande sur la classe élevée que sur les classes inférieures. »

Là s'arrêtent les observations du Dr H. S. K... Nous renvoyons à sa brochure ceux de nos lecteurs que le sujet intéresse. Ils y liront plus développés les enseignements que nous avons résumés et se laisseront persuader par l'accent convaincu de l'auteur, qui lui-même fait appel aux lumières de tous pour faire progresser la branche médicale dont il a posé les premiers éléments : « Si l'on emploie la musique avec discernement, dit-il en terminant, et qu'on s'appuie sur les six règles qui précèdent, on se convaincra qu'on possède en elle un des remèdes les plus efficaces, notamment dans les maladies nerveuses.

Mon plus grand désir est que l'on fasse de nouvelles et nombreuses expériences pour se convaincre de cette vérité ! »

———

On voit par cet aperçu que si notre docteur s'est plu à constater les cures par l'emploi de la musique, il n'a ni indiqué ni recherché comment elle opérait ; il conseille le remède sans en indiquer la formule, et rien ne nous apprend ce que c'est que le son ou comment il agit. Quant à nous, nous avons attribué, après une étude de trente années, à un *fluide sonore* l'influence et le pouvoir de la musique sur les êtres animés.

Nous sommes heureux d'avoir prouvé, en constatant les phénomènes de la musique, que cet art ne fut point inventé par les hommes et qu'il nous vient réellement de Dieu ; c'est lui qui nous l'a inspiré, c'est lui qui en a établi les principes et les règles dans les accents de nos besoins ; c'est lui qui en a noté tous les sons dans notre cœur ; c'est dans ce réceptacle qu'il a déposé tous les secrets de la science musicale, de cet art de peindre le sentiment par la voix, et d'en imiter les accents par les sons. Voilà pourquoi les anciens reconnaissaient à l'étude de la musique un double objet, applicable à tous les arts qui étaient du ressort de la voix, celui de la morale et de l'éloquence. C'était par l'étude de la musique qu'on apprenait à distinguer l'expression des sentiments louables et vertueux d'avec l'expression

des sentiments méprisables et criminels; c'était
par l'étude de cette science qu'on apprenait à célébrer dignement les louanges des dieux et les bien-
faits des héros; c'était enfin par les effets puissants de la musique que l'on parvenait à graver
dans l'esprit et dans le cœur des peuples les lois
religieuses et politiques sur lesquelles reposait
l'ordre social.

Nous engageons fort les médecins modernes
à marcher sur les traces des anciens et de
tenter l'emploi de la musique en certaines circonstances. La musique ne guérit pas toujours,
nous le savons, mais rien n'interdit l'essai, et
quand bien même la musique n'aurait guéri
aucune maladie, si elle a seulement soulagé
les patients, cela suffit déjà pour la regarder
comme un secours précieux. Il ne faut pas condamner la musique pour n'avoir pas toujours
guéri les maladies dans lesquelles elle convenait
et où l'on croyait qu'elle pouvait être utile, car
cela a pu provenir de la mauvaise manière d'en
faire usage, en appliquant, par exemple, un ton
aigu au lieu d'un ton grave, en jouant un air
plutôt qu'un autre, selon que la diversité des
maladies et des constitutions le demande. La
musique est bonne, mais il faut savoir l'employer
convenablement et surtout avec intelligence.

FIN.

1825. — Paris — Imp. Morris et Comp., rue Amelot, 64.

Alphonse de Lamartine. — Civilisateurs et Conquérants
(Solon. — Périclès. — Michel-Ange. — Pierre le
Grand. — Catherine II. — Murat. — Fables de
l'Inde). 2 vol. in-8...................... 10 **fr.**
Jules Simon. — L'École. 1 beau vol. in-8......... 6 **fr.**
Le même ouvrage. 1 vol. in-18........... 3 fr. 50
— Le Travail. 1 beau v. in-8, 6 fr.—Édit. in-18 3 fr. 50
J. Michelet. — La Sorcière. — 1 vol. in-18..... 3 fr. 50
E. Pelletan. — La Famille. I. La Mère. 1 vol. in-8. 5 fr·
II. Le Père. 1 vol. in-8.. 5 fr.
III. L'Enfant. 1 vol. in-8. 5 fr.
Edgar Quinet. — La Révolution. 4e édit. 2 vol. in-8. 15 fr.
Louis Blanc. — Lettres sur l'Angleterre. 2e édit. 2 vol.
in-8................................. 15 fr.
— 2e série. 2 vol. in-8...................... 12 fr.
George Sand. — Flavie. 3e édit. 1 vol........... 4 fr.
— Les Amours de l'âge d'or. 1 vol. .... 3 fr.
— Les Dames vertes. 3e édit. 1 vol.......... 3 fr.
— Les Beaux Messieurs de Bois-Doré. 2 vol.... 6 fr.
— Promenade autour d'un village. 1 vol...... 3 fr.
-- Souvenirs et Impressions littéraires. 1 vol... 3 fr.
— Autour de la table. 1 vol................. 3 fr.
— Théâtre complet. 3 vol.................. 9 fr.
Alexandre Dumas. — Les Crimes célèbres. 4 v. in-18. 8 fr.
Lamennais. — Œuvres. 3 vol. gr. in-8, à deux col. 32 fr.
Eugène Sue. — Œuvres. 37 vol. gr. in-8 Le vol.. 1 fr.
Frédéric Soulié. — Œuvres. 54 vol. in-18. Le vol.. 50 c.

Paris. — Imprimerie Morris et Comp. — Nœuilly-s.-S.